たった10分の筋トレが
君の人生を変える

死にたくなったら
筋トレ

日本ボディビル90kg超級チャンピオン
芳賀セブン

KADOKAWA

はじめに

人生につらさを感じている君へ

やあ、新宿二丁目最強のバルク！　芳賀セブンだ。

筋トレ素人のために解説してやると、バルクってのは筋肉のデカさってことだな。新宿二丁目ってのは、日本を代表するゲイ（男が好きな男）の街だ。つまり、そういうことだな。

そんなことより、君がこの本を手に取ったということは、人生に対して漠然としたしんどさを抱えているのだと思う。

中には「人生を投げ出したい」とまで思いつめている人もいるかもしれない。ヤバイぞ、それは。死んだら二丁目に行けなくなるじゃないか！

そんなときはこの言葉を思い出してほしい。

「死にたくなったら筋トレ」

僕も、人生でそれなりにつらい経験をしてきた。手痛い失恋をしたり、命に関わる病気にかかって入院生活を送ったり、最愛の祖母を亡くしたり……。でも、どんなにつらい状況でも、僕は筋トレだけはやめなかった。筋トレに支えられて、苦境を乗り越えてきたんだ。


ざっくり言うと、僕は筋肉系インフルエンサー。

世間では、ただの変態筋肉マッチョというイメージが強いかもしれない。

でも、僕は2023年度の関東、そして日本の体重別ボディビルのチャンピオンで、競技の最前線で戦うバリバリ現役選手なんだ。ボディビルやパワーリフティングの大会に出ながら、筋トレの動画をYouTubeやTikTokにアップしている。

それ以外にも、メイドの格好をしたバカな動画を撮って、頻繁にアップしている。なぜそんなことをしているのか？

人生を投げ出したいほど落ち込んだ人が、少しでも笑ってくれたり、「こんなヤツだって楽しそうに生きてるんだから、俺ももう少し頑張ろうかな」なんて思ってくれたりしたら、めちゃくちゃうれしいからだ！

でも本当にしんどいときは、笑うことすらできないかもしれない。だからこそ、「死にたくなったら筋トレ」が最強の処方箋（しょほうせん）なんだ。

死にたくなったら筋トレすべき6つの理由

筋トレにはものすごいパワーがある。無限の力がある。

僕が言うのだから間違いない。

人類は誕生して以来、ずっと筋肉を使ってカラダを動かしてきた。それが人間として当たり前のことだった。

筋肉という神からの偉大な頂き物を動かすと、カラダや心に作用するホルモンが全身を駆け巡り、「人間本来のあるべき姿」を維持してくれるのだ。

だから筋肉は、人類と切り離せない。

筋肉を動かすことは、人間らしさを保つための必要条件なのだ。


では、君はどうだ？

「筋繊維がブチ切れるほど筋肉を躍動させる」という人間が本来やるべきことを忘れて、テレワークだのウーバーイーツだのエロ動画だのにうつつを抜かし、日頃から筋肉を甘やかしていないか？

それがもしかすると、君が「人生を投げ出したい」理由かもしれないのだ。いや、かなりの確率で、筋トレをしていないことがその原因だろう。

筋トレには、ざっと見積もっても次のような効能がある。

1.「ネガティブな気分」が変わる

筋トレをすると、アドレナリン・ドーパミン・セロトニン・エンドルフィン・テストステロンなど、気分を高揚させたりリラックスさせたりするホルモンが大量に分泌される。

これらの気分ぶち上げ「激ヤバ」ホルモンのおかげで、筋トレすると、イライラや怒り、不安や緊張などのネガティブな気分や、だいたいの悩みがスーッと消えていく。

2.「ダメな自分」が変わる

筋トレをすると、自信がつく。特に初心者は筋肉がデカくなりやすく、気分が晴れていく感覚も感じやすいだろう。この成功体験が自信を生み出し、筋トレ以外の分野にも好影響を与えるのだ。

僕クラスのマッチョになると、たとえ誰かに絡まれたとしても「その気になれば一瞬で地獄に葬り去れる」という余裕が生まれ、上司や取引先にいびられても「いざとなればブッ飛ばして食っちまえばいい」なる謎の全能感や無敵感さえ味わうことができる。

生命体として優位なポジションに立っているという余裕が、ゆるぎのない自信を生み出してくれるのだ。

3.「だらだらした行動」が変わる

筋トレをすると、気分ぶち上げ「激ヤバ」ホルモンのおかげで活力がみなぎるから、行動まで変わってくる。

仕事へのやる気も起きるし、たとえ仕事がつまらなかったとしても、「仕事中も筋肉は成長している」と考えれば何をするのも楽しい。ジムに行く時間を確保するため、生活スタイルにメリハリが生まれる効果もある。

4.「非モテ・コミュ障」が変わる

カラダがカッコよくなるから女にモテる。特にギャルにモテる。ギャルはなぜか筋肉が好き。

筋トレにより男性ホルモンがドロドロにあふれ出て、そのフェロモンが異性(僕の場合は同性)を惹きつける。

また筋肉があると、服装がカッコよく決まる。ユニクロのような、無地のシンプルな服を着ても様になる。

ビジュアル面だけでなく、立ち居振る舞いにも余裕が生まれ、謎の説得力が生まれる。その説得力が異性をさらに惹きつける。

ヤンキーやガテン系のちょっと怖い人たちから、筋肉があるというだけで、謎にリスペクトされ、慕われる。友達が増える。

5.「健康」を取り戻す

筋肉が増えると、ホルモンが分泌されるばかりでなく、血流やリンパ液の流れも良くなる。

代謝も良くなる。僕の場合、代謝が良くなりすぎて、春夏秋冬がなくなる。夏夏夏冬になる（冬はちゃんと寒いのだ）。

その結果、さまざまな身体的な健康効果も期待できる。

6.「貧弱なカラダ」が変わる

初心者は、筋トレすればするだけ筋肉がデカくなる。はじめの2～3年間はボーナスタイム。ガリガリでも太っちょでも、継続すれば誰でもマッチョになることが可能。

ぶっちゃけ、筋トレするだけでこんなメリットを得られるのだから、今すぐ筋トレを始めなきゃ絶対に損。

じゃあ、こんな本はさっさと破り捨てて、ジム行く？

今日から筋肉投資を始めようぜ！

そうはいっても、「人生を投げ出したい」くらいきつい状況にいる人は、まだ筋トレを始めるテンションになっていないだろうね。

大丈夫。この本を読み終えた頃には、我慢できずにジムに駆け込んでいるはずだ。もしそうならなかったら、僕の全裸の生写真をプレゼントしてあげるよ。

さて前書きはこのくらいにして、さっそく本編に移ろう。

人生に迷い苦しむ君に、筋トレという最高の解決法を贈る。

死にたくなったら筋トレ！

2024年3月　新宿二丁目最強のバルク・芳賀セブン

まずは1日10分から始めよう！

「筋トレしよう」と言われても、具体的に何をどうすればいいかわからない人もいると思う。

そこで、1日10分で、自宅でできる筋トレのメニューをつくってみた。

やり方とルールは、次の通り。

①10分間のタイマーをセットする（時計を見るのでもOK）
②とにかく10分間、連続して1つの筋トレを続ける
③苦しくて続けられなくなったら5～10秒ほど休んで、また始める
④これをひたすら、10分経つまで繰り返す

これなら、ジムに行かなくても、家にダンベルがなくてもできる（できれば腹筋ローラーは購入してほしいが、なければ他の腹筋運動で代用してもかまわない。ちなみに某大手100均では数百円で売っている）。

日本ボディビルチャンピオンが考えた

1日10分×1週間メニュー

曜日	メニュー	ページ
月	腕立て伏せ	P.026
火	スクワット	P.058
水	腹筋ローラー	P.094
木	腕立て伏せ	P.026
金	ブルガリアンスクワット（片足ずつ）	P.118
土	懸垂（けんすい）(チンニング)（公園などで）	P.140
日	お休み	

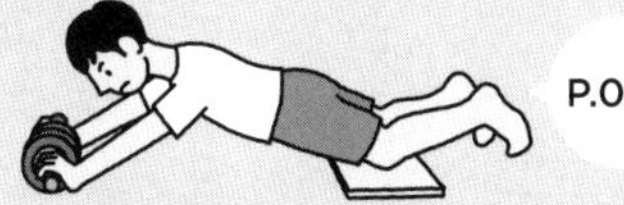

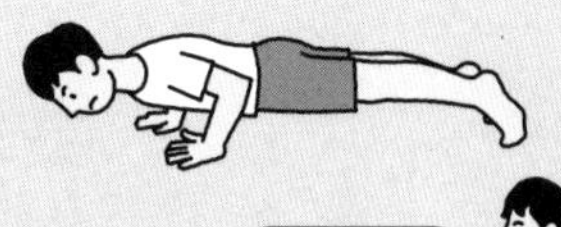

もちろん、これは1つの提案であって、この通りにする必要はまったくない。

やりたいメニューがあれば、自由にアレンジしてほしい。


10分とはいえ、めちゃくちゃつらい。

最初のうちは、ひどい筋肉痛に襲われるかもしれない。

それは筋肉が成長している証拠だ、おめでとう！

もしあまり痛むようなら、その日は筋トレを休んでもかまわないが、**必ず「1週間メニュー」に戻ってきてほしい。**


これを本当に実行したならば、君は生まれ変わる。

僕が保証する。

1日たった10分なので、「時間がない」という言い訳は通用しない。やるか、やらないか。いや、違う。やるか、絶対やるか。

決めるのは君自身だ。

CONTENTS

第1章 筋トレで「ネガティブな気分」を変える

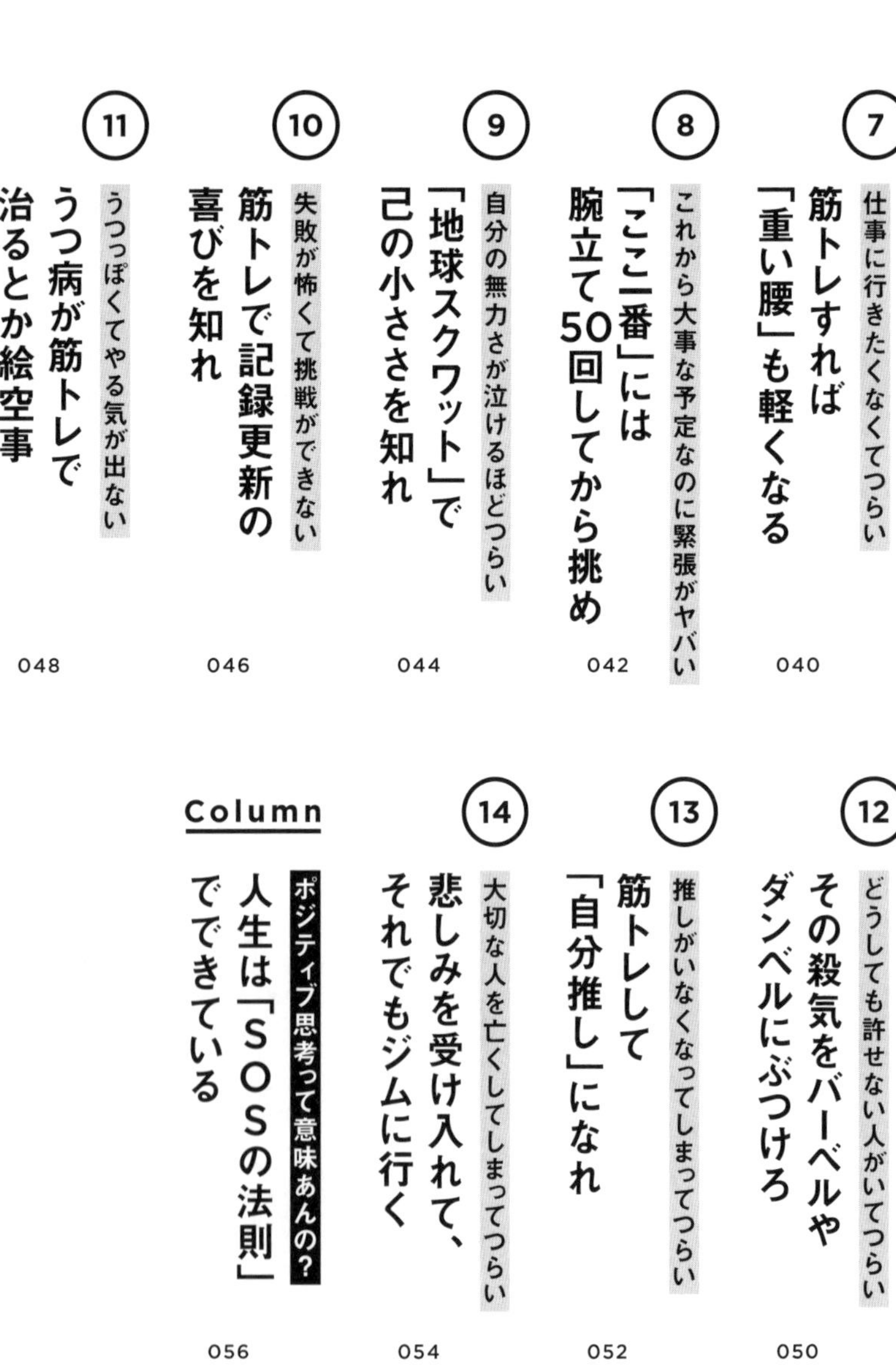

第2章

筋トレで「ダメな自分」を変える

第3章 筋トレで「だらだらした行動」を変える

第4章 筋トレで「非モテ・コミュ障」を変える

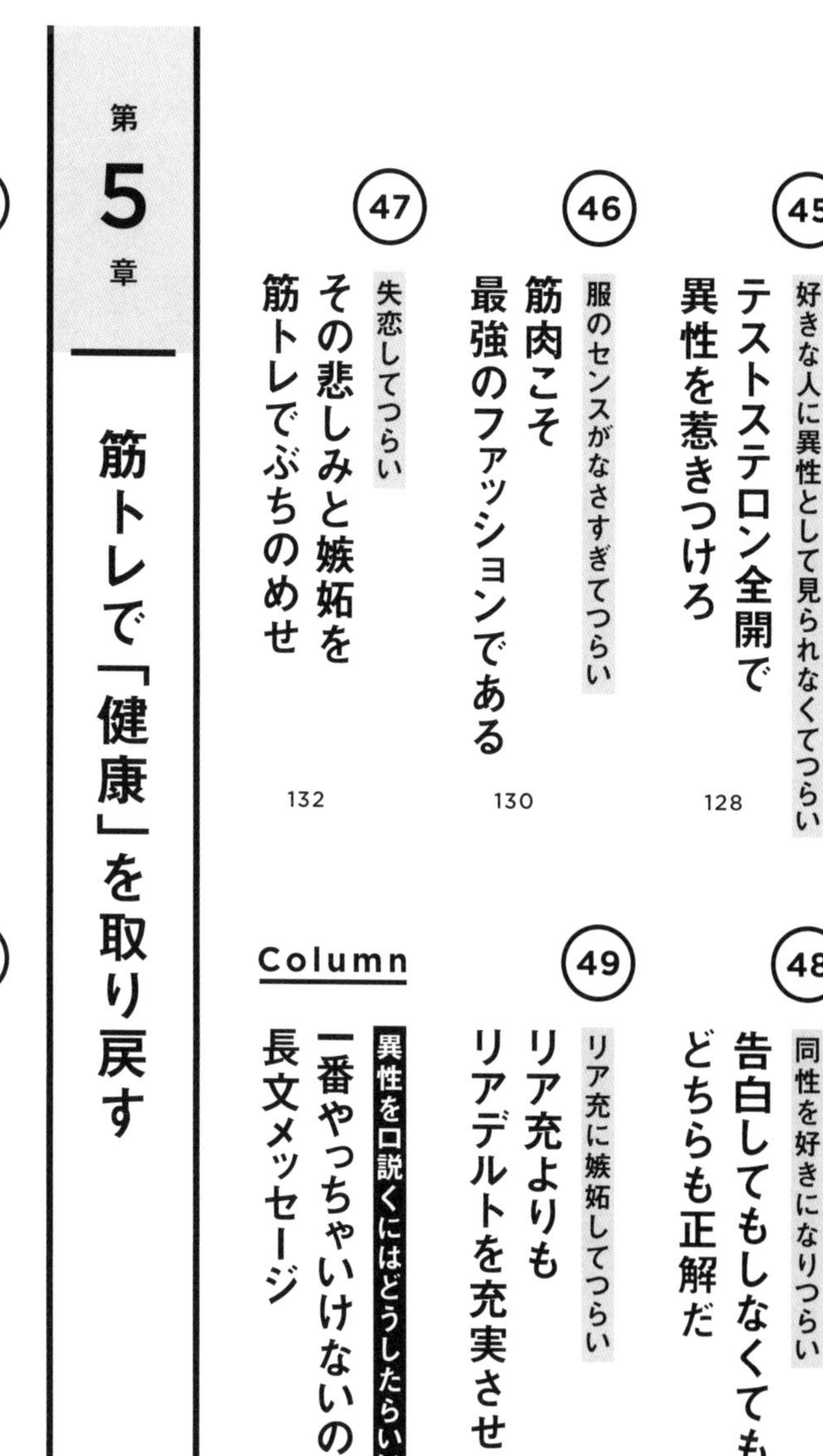

第5章 筋トレで「健康」を取り戻す

第6章 筋トレで「貧弱なカラダ」を変える

第7章 じゃあ、ジム行く？

筋トレ図鑑

芳賀セブンの筋トレ人生

人生うまく
いかないよ
芳賀セブン、
たすけて！

筋トレ図鑑 1

腕立て伏せ

手をつく位置は肩幅より少し広め。足首から頭まで
まっすぐな姿勢をキープしたら、ひじを曲げて伸ばすのみ。
細かいフォームは気にせず、とにかく回数を重ねよう。
キツイ人は、まずは両ひざをつくスタイルで。
ひざの下にクッションを置くとやりやすい。

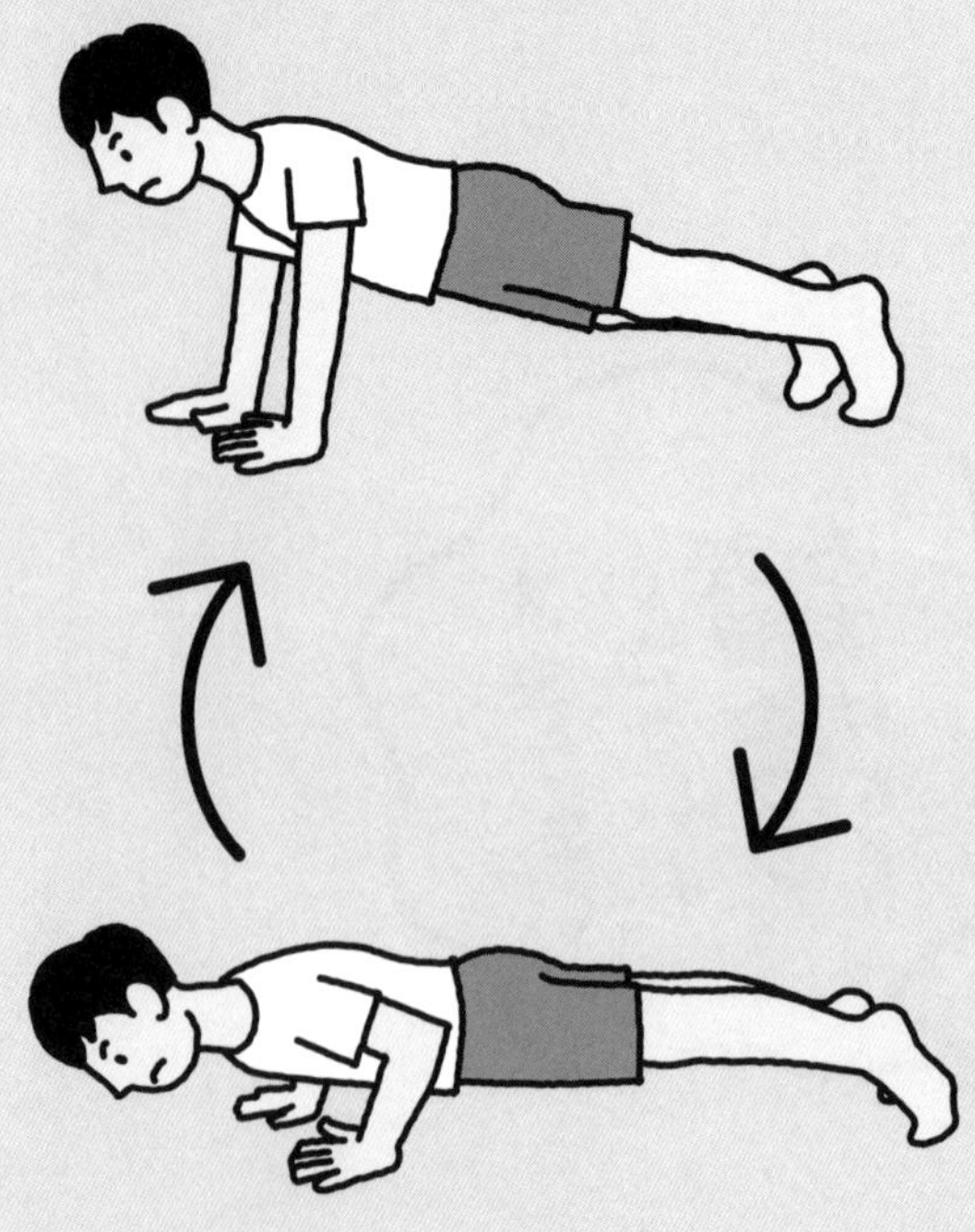

第1章

筋トレで「ネガティブな気分」を変える

1

人生がうまくいかなくてつらい

筋肉にポジティブ思考を染み込ませろ

人生がうまくいかない？　バカな！　筋トレしていれば、人生がうまくいかないだなんてネガティブなことは考えないぞ。

筋トレは必ずうまくいくものだ。ベンチプレスをしたら大胸筋や上腕三頭筋が、スクワットをしたら大腿四頭筋やお尻が、パンパンにパンプアップする。やらなきゃデカくならないが、やればデカくなる。筋トレは、人生の真理を教えてくれるんだ。

たとえばバーベルを持ち上げるとき、「重そうだな」「つぶれそうだな」といったネガティブな思考があると、絶対に挙がらない。**そういったネガティブ思考を追いやって、「軽そう！」「バーベルの野郎殺してやる！」といったポジティブ思考で挑めたとき、初めて自分の限界を超えるパワーを発揮できるんだ。**

筋トレで会得したこのマインドを、僕は人生の折々で自然と実践している。数年前、ギランバレー症候群という病気になり、入院生活を余儀なくされた。10万人に1人しかかからない病気に、最初は不安や怖さもあった。

けれどポジティブ思考が筋肉に染みついている僕は、「難病を克服したら逸話になる！」とマインドチェンジをし、入院生活を徹底的に前向きに過ごした。その結果、予定よりはるかに早い期間で退院し、病気を克服できたんだ。担当の医者も、ビックリ！

人生がうまくいかないと嘆く前に、ポジティブマインドを筋繊維に刷り込んでしまおう。

2

最近、心から笑ったことがない

筋トレすれば「閉ざした心」も開かれる

それは君、筋トレをしていないからだ！　筋トレをすると、ドーパミンやアドレナリン、エンドルフィンといった気分ぶち上げ「激ヤバ」ホルモンが分泌される。中でもエンドルフィンは「幸せホルモン」と呼ばれるくらいだから、筋トレ後は知らず知らずのうちに笑顔になってしまうものなんだよ。

もともと僕はシャイな人間だ。**けれど、筋トレをした後は自然と表情が豊かになっているのがわかる**。ジム仲間とのおしゃべりも楽しい。憧れの人にも積極的に話しかけられるようになった。

これは激ヤバポジティブホルモンのおかげだけではなく、自分に自信がついてくることも大きい。カラダが大きくなってくると、自分の筋肉が、どんな攻撃をも跳ね返す鎧（よろい）のように思えてくるんだ。

すると、心にも余裕と度量が生まれ、フレンドリーに相手と接することができる。筋肉という鎧が自分を守ってくれるから、心の扉を開いても、全然怖くないという感じかな。

そんな余裕あるスタンスで人と接すれば、相手もフレンドリーになって、おのずと心から笑えるものだ。

僕は、大事な連絡をするときや大事な人と会う前には、必ず筋トレをしてから臨むようにしている。それだけで、前向きな気持ちで相手と接することができるから。

筋肉をつけると心が開かれる。覚えておこう。

3

最近、イヤなことばかりでつらい

9割以上の悩みは筋トレで解消する

本当に「イヤなことばかり」が続いているのか、冷静に考えてみよう。君の心が先回りして、未来のことを「イヤだなあ」と心配しているだけではないかい？

ペンシルベニア大学のルーカス・S・ラフレニエールって人は、「心配していることは実際にどれくらい起きるのか」という研究をしたらしい。その研究によると、「心配事の91・4％は実際には起きなかった」そうだ。ルーカスを信じるなら、9割以上の心配事は取り越し苦労ってわけ。

つまり、「イヤなことばかり」続くのなんて幻想で、気の持ちようで誰でも明るく過ごすことができるわけだ。

気の持ちようを変えるのに持ってこいなのが、筋トレ。筋トレをすると、イライラや不安などのネガティブな感情がおもしろいくらいに消えていく。**筋肉がパンパンに膨らんでいくのに反比例してネガティブな感情が薄まっていく**。

筋トレをすると、悩みのほとんどはどうでもよくなってくる。9割以上の悩みは筋トレで解消すると言っていい。

反対に言うと、「本当の悩み」とは、筋トレしても解消できないものだ。僕も当時180万人フォロワーの「TikTokアカウントが謎の垢バン（アカウント停止）されたときは、筋トレする気も失せてしまったよ……。

筋トレは悩みに対して万能とは言えないけど、どうでもいい悩みにはとてつもない力を発揮するってことだ。活用するしかない。

4

ささいなことを気にしすぎてつらい

筋トレで生命体としての上位に立て

「陰口を言われていないか不安」「他人の顔色が気になる」など、はたから見ればささいなことに敏感に反応してしまう人を、最近は「繊細さん」と言うようだ。

筋トレを習慣にしている人は、大雑把でいつも笑っている「豪快さん」がなぜか多い。

筋肉がつくだけで、心に余裕が生まれる。誰かに悪口を言われても、「なに陰でコソコソ言ってるんだよ。目の前に来て言えよ。ぶっ飛ばすぞ」「むしろ抱くぞ」という思考に変わる。**生命体のヒエラルキーの上位に立てるので、他者にビビらなくて済むのだ。**

もちろん個人差はあるが、今の自分より少しでも筋肉をつければ自信が生まれ、「繊細さん」から「豪快さん」になるのも夢ではない。

繊細さんのまま、ささいなことに悩んだり落ち込んだりすると、ストレスホルモンのコルチゾールが分泌され、このコルチゾールが筋肉を分解してしまう。

この理論を逆手にとると、筋トレに本気で取り組めば、おのずとコルチゾールの分泌を抑えるのが最優先事項となり、日常の習慣になる。

「ささいなことに敏感になっていたら、筋肉が分解されてしまう！」という思考により、豪快かつ笑顔で過ごすことが当たり前になるだろう。

マッチョはよく、このことを「カタボる、カタボる」と騒ぎがちだ。カタボるとはカタボリック（筋肉が分解される）状態のことで、マッチョが最も警戒するのがカタボリックなのである。

5

いつもイライラしてつらい

その怒りを筋トレにぶつけて解消しろ

君はいつもイライラしているのか？

素晴らしい！　君には筋トレでバルクアップ（筋肥大）する才能がある！

恋人に振られてイラ立っているその感情、上司に詰められてムカついているその感情を、ぜひバーベルやダンベルにぶつけてほしい。「振られてつらい、死にたい……」「俺はダメ社員だ。お先真っ暗だ」といったネガティブな気持ちから、「新しい出会い、恋のチャンス到来！」「僕の才能や能力に気づけないなんて残念！」というポジティブ(?)な気持ちに切り替わるぞ。

そもそも人間の原動力として一番大きくて強い感情は、「怒り」だ。怒りはパワーに変わる。**だから、自分のカラダが嫌い、性格が嫌い、人間関係がうまくいかない、仕事がうまくいかない、などのコンプレックスを抱えている人は、筋トレをすると、めきめき成果が上がる。**

僕の知り合いに、カラダが細いことがコンプレックスの細井君がいた。彼はそんな自分を変えたくてトレーニングに熱中し、3年後には県大会でも成績を残すボディビルダーになった。情けない自分への行き場のない怒りを筋トレにぶつけることで、徐々に自分に自信が持てるようになったそうだ。

また、高校の柔道部で同期の岩野君は、結婚直前に相手の9股が発覚して破談になった。彼はどうしようもない怒りを筋トレにぶつけた。血眼になってトレーニングをし、崩壊しかけていた心をなんとか保つことができた。

イライラしたら筋トレ！　その怒りが筋肉に変わる！

6

いつも欲望に振り回されてつらい

筋トレで欲望が自然と最適化される

食欲、睡眠欲、性欲の三大欲求に加えて、物欲、出世欲、名誉欲などなど。人間って生き物は欲望を満たすために生きているようなものかもしれんね。

ただ、君が欲望に振り回されてつらいと感じているなら、どうにかしなければならない。

もちろん、解決策は筋トレが教えてくれる！

筋トレを習慣化し、筋肉を愛するようになると、筋肉が生活の中心になる。筋肉が落ちるのが怖くなってくるから、暴飲暴食が減り、筋肉が回復する健康的な食生活になる。大酒も、筋肉が落ちるカタボリックの原因だから、酒の量も減るだろう。生活習慣が乱れるとトレーニングをする時間が取れないから、おのずと睡眠にも気を遣うようになる。

ただし、禁欲生活を長く続けていると、「生きていて何が楽しいの？」という話にもなる。だから僕の場合は、週に1日はチートデイを設けて、新宿二丁目で食欲や酔っぱらって気持ち良くなりたい欲を思う存分満たすようにしている。それがまた、翌日からの筋トレ欲を高めてくれるのだ。

物欲や出世欲、名誉欲なんてものは、僕にはほとんどない。筋トレ欲さえ満たしていれば、三大欲求以外に興味がなくなってくるのだ。

僕は、好きな人がそばにいてくれれば、それでいい。筋トレをすることによって、その人に必要な欲望だけが自然に残り、「欲望の最適化」がされるのかもしれないね。

7

仕事に行きたくなくてつらい

筋トレすれば「重い腰」も軽くなる

「オッス、おらホモ！　芳賀セブンだよ」なんて、YouTubeでバカな動画ばっか撮っている僕だけど、YouTuber（無職）になる前は一般企業に勤めていた。

僕が仕事を辞めたのは、集中して筋トレする時間がほしかったのと、動画配信など自分がやりたいことをやるためだった。職場の上司や同僚には恵まれていて仕事自体は楽しかったのだけど、やっぱり自分が生きたいように生きることを優先したわけだ。

君が仕事に行きたくない理由が、もし「やりたいことをやる」ためなら、ウジウジ悩んでいないで、さっさとそれを始めればいい。筋トレしなけりゃ筋肉はデカくならないように、何事も始めなければ成果は得られないものだ。

そうではなく、「なんかダルいから行きたくない」「しんどいので会社を辞めたい」という感じなら、判断は急がず、とりあえず筋トレをしよう。筋トレしていない君は、脳内のポジティブホルモンが決定的に不足している可能性が非常に高い。

合法的にポジティブになれる「激ヤバ」脳内麻薬を筋トレで出せば、考えも変わるかもしれない。仕事に行く気にも、なるかもしれないね。

ネガティブなときは決断力が衰えているものだ。筋トレでポジティブになれば、シンプルな決断ができ、人生を前に進めていけるはずだ。

これだけ楽しそうに、自由に生きている僕が言うのだから間違いないだろ！

これから大事な予定なのに緊張がヤバい

「ここ一番」には腕立て50回してから挑め

初対面の人に会うときや、大事な用事の前などに緊張してしまう人は少なくないと思う。

そんな人は用事の前に筋トレをしてみよう。わざわざジムに行かなくてもいい。腕立て50回でも、スクワット50回でも、自分の限界まで筋肉を追い込むんだ。

それだけで気持ちが前向きになって緊張感はやわらぐ。ドーパミンやエンドルフィンといった「テンションぶち上げホルモン」が分泌される。

すると、社交的な気分になり、緊張する相手にも固くならずにコミュニケーションがとれるだろう。**筋肉がガチガチに固くなれば、メンタルはその反対に柔らかくなるわけだ**。

僕は小学校4年から筋トレを始めた。ボブサップのカラダに衝撃を受け、自分もあんなふうになりたいと憧れた。中学生になったら腕立てを1日1000回した。ずっと筋トレを続けてきた。

そのせいか僕は今、ほとんどの場面で緊張することがない。知らない人に自分から話しかけることも簡単にできる。トレーニング後に人に会い、筋肉が張っていたり血管が浮いていたりすると、話のネタにもなる。男女ともに触ってくるケースも多い。二丁目にいて酒も入っていれば、そのままゴールイン！　なんてこ とも、あるかもしれない……!!

緊張には、筋肉が効く。いい薬です。

9

自分の無力さが泣けるほどつらい

「地球スクワット」で己の小ささを知れ

自分が無力だとか泣き言を言っている君は、今すぐスクワットをしたまえ。スクワットの歴史は古く、紀元前2500年にはエジプトで行われていたという記録がある。当時は、子牛や岩や、そのほか日常生活で目にする物を持ち上げてスクワットしていたという（知らんけど）。そんな大昔から現在まで継承されて

きたスクワット。僕はスクワットを通して、人生の真理を見つけた。

スクワットは、しゃがんで立つのではなく、「地球を蹴り落とす」行為なのだ。地球という巨大な物体に対して、どうしたら自分の力を効率よく伝えられるか。筋トレを小さな枠組みで捉えず、バカでかい壮大なスケールで捉えることが大切なのである。

つまり筋トレとは、地球規模で物事を考える「地球論」でもあるのだ。「地球を蹴り落とす」態度のスクワットで拷問のような追い込みを自らに課すと、地獄の底から湧き出るような唸り声が漏れる。そんなとき僕はこう思う。

「呼吸できるのは、当たり前じゃないんだな……」と。

そう、生きているのは当たり前のことじゃない。スクワットで苦痛を味わうと、頭の中は真っ白に。地球に対する自分の無力さをしみじみと感じる。

それと同時に、健康であることの喜びが感じられる。たくさん汗をかき、たくさん水を飲み、呼吸も上がり、気持ちも前向きになる。僕は生きている。なんて素晴らしいのだ！　と。

己の無力さを嘆くな、無力さを喜ぼう！

失敗が怖くて挑戦ができない

筋トレで記録更新の喜びを知れ

失敗を恐れて二の足を踏んでしまうのは、君に成功体験が欠けているからではないだろうか。これまでの人生のささやかな「挫折」が君を弱気にしているのかもしれない。

過去のことは関係ない。今からでも成功体験を積み重ねていけば、自信が生まれ、あらゆることにチャレンジする勇気が出てくる。

てっとり早く成功体験を得られることといえば、もちろん筋トレだ。筋トレしかない。筋トレに失敗も挫折もない。

たとえばベンチプレスをしてみよう。今日の自分は50キロしか挙がらなくとも、明日の自分はそれ以上の重さを挙げることができる。

特に筋トレ初心者ならば、筋トレをすればするほど、どんどん記録を更新できる。**過去の自分を超えたという達成感は、何物にも変えがたい喜びなのだ。**この喜びがあるからこそ、つらいことにも耐えることができ、さらなる重量にも挑戦できるのである。

このように筋トレによって成功体験を積んでいくと、他のことについても「自分はできる!」という謎の自信が生まれてくる。こうなれば、失敗が怖くて挑戦ができないという悪循環から抜け出すことができるだろう。

万一、挑戦が失敗に終わったとしても、それは本当の意味での「失敗」ではない。心は傷ついても、修復され、また強くなる。筋肉と同じだ。

あらゆる挑戦は人生の糧になる。頑張れ!

11

うつっぽくてやる気が出ない

うつ病が筋トレで治るとか絵空事

「筋トレでうつ病が改善する！」

そんな都合のいい話があるわけないだろ。筋トレ系インフルエンサーの中には無責任にこんなことを言う人がいるけど、僕は賛同できない。

筋トレは確かに大抵のことを解決してくれる。でも１００％ではない。

そもそも筋トレできる余裕があるならうつ病じゃないと思う。動いたり、行動したりするための精神的余裕がないからうつ病になってしまったのだから。

そんな精神的にギリギリの人に無理やり筋トレをさせたら、ストレスになって反対に症状を悪化させかねない。「うつ病患者が筋トレをすると精神的な反動が大きくて危ない」と言う当事者もいた。

だからうつ病の人は、少しずつ段階を踏んでカラダを動かしていくことをオススメする。

まずはカーテンを開けて日光浴、そして軽いストレッチ。次に太陽光を浴びながら外を散歩するのがいい。**太陽光は気持ちを前向きにさせる効力がある。そうして精神的な余裕が生まれてきたら、筋トレを始めてもいいだろう。**

比較的軽いうつ病の人なら筋トレが有効に作用する可能性はある。

筋トレを始めてから、うつ病の薬を飲まずに済むようになった人もいる。ただし何事にも個人差があるので、自分のカラダと心に相談して実践してみてほしい。

「病気じゃないけど、やる気が出ない人はどうする？」

じゃあ、ジム行く？

12

どうしても許せない人がいてつらい

ぶっ殺したいヤツがいるってことだな？

ぶっ殺したいヤツをぶっ殺してしまったら君の人生は破滅するので、ぶっ殺すのはバーベルにしておけ。ジムに行けば、バーベルがある。

オススメの種目はデッドリフトだ。デッドリフトは、ベンチプレスとスクワットと合わせて「筋トレＢＩＧ３」と呼ばれている。床に置かれたバーベルをひざの上まで持ち上げるトレーニングだ。デッドリフトによって、ハムストリング（太腿の裏）、大臀筋（お尻）、広背筋（背中）、脊柱起立筋（背中）、僧帽筋（肩）を鍛えることができる。カラダの裏側の筋肉がムキムキになるわけだ。

デッドリフトは当然、バーベルの重量が重ければ重いほど、引き挙げるのが難しい。僕の場合は３００キロ×４回がベスト記録だ。つまり、３００キロのバーベルならぶっ殺せるってことだな。

デッドリフトを行う際、一番大切なもの、それは「殺気」だ。僕がデッドリフトをするときは、「バーベルぶっ殺してやる！」「この勇姿を周りに見せつけてやる！」と闘いを挑むような気持ちで臨んでいる。

このマインドがないとバーベルは挙がらない。**「俺はダメだ」といったネガティブな気持ちがあると絶対に挙がらないのだ。**

君は今、ぶっ殺したいほど殺気を帯びているんだろう。その殺気をぜひ、デッドリフトにぶつけてほしい。

ストレスが解消されて筋肉もつく、一石二鳥だね。

13

推しがいなくなってしまってつらい

筋トレして「自分推し」になれ

好きなアイドルが引退でもしたのか？　だったら、誰かを推すのではなく、筋トレして「自分推し」になってしまえ。

マッチョという種族は、基本的に自分のことが大好きだ。なぜマッチョが鏡の前でポージングをしているか知っている？

トレーニングの一環とか言っているヤツもいるけど、**実際は、「俺でけえ！　カッコいい！　気持ちいい！　マジでイカすぜ！　俺最強！」と、自分のカラダに惚れ惚れしているんだよ**。少なくとも僕はそう。

鏡の前だけでなく、マッチョは自分の姿が映るすべての物の前でポージングしちゃう。自動ドアとかショーウィンドウがあると、筋肉チェックをして自分のカラダにうっとりしてしまうんだよね。

マッチョは、電車の中では常に扉の前をキープしている。これはもちろん、ガラスに映る自分の肉体を見て、「今日も筋肉がパツパツだな！　最高だな」とニヤニヤするため。

僕くらいのマッチョになると、電子レンジの扉のガラスに自分が映るだけで、ついついポーズを決めてしまう。自分のカラダが好きで好きでたまらないのだ。

君がマッチョになる必要はないけれど、筋トレをすれば自分を好きになって、自己肯定感が上がることは間違いない。

推しがいなくなって落ち込んでるようだけど、この際だから、「自分推し」になってしまおう！　毎日の生活が楽しくなるぞ！

大切な人を亡くしてしまってつらい

悲しみを受け入れて、それでもジムに行く

自分の力ではどうしようもないことがある。

僕は、子どもの頃からおばあちゃんが大好きだった。昨年、おばあちゃんは体調を崩して入院した。心配で心配で仕方がなかったけれど、僕はジムに行った。筋肉を動かしても動かしても、薄まることのない心配な気持ち。気づいたときには、泣きながらトレーニングをしていた。そんな僕をジムの夜勤スタッフさんが慰めてくれた。1人きりだったら、僕はつぶれていたかもしれない。

その後、おばあちゃんは亡くなった。悲しかった。それまで経験したどんな悲しみよりも悲しかった。**同時に、その悲しみの深さゆえに「俺、生きてるな」と思った。**この悲しみは避けて通れない、向き合うしかない、そのように変換することができた。この悲しみですら、成長の糧にしようと。

僕は、おばあちゃんの死をポジティブな出来事として捉えた。悲しみの感情を受け入れることによって、人間としての厚みが増すだろうと考えた。

そして思い切り、筋トレをした。おばあちゃんの死から目を逸らさず、今この瞬間を、全力で生きて楽しんだ。

こうして僕は、どうにかおばあちゃんの死を乗り越えることができた。

筋トレだけでは解決できない問題はあるけど、筋トレのおかげで僕は精神のバランスを保てている。

ギリギリの心を支えてくれるもの、それが筋トレなんです。

Column

ポジティブ思考って意味あんの？

人生は「SOSの法則」でできている

人の陰口や悪口を言ったり、日常のイライラを周りに言いふらしたりSNSに書き込んだりする行為は絶対NGだ。イヤなことがあったとき、誰かに共感してもらいたくなる気持ちはわかる。でも、そのようなネガティブな感情を周りに撒(ま)き散らしていると、やがて同じようなネガティブな人しか寄って来なくなるだろう。そして、君の気持ちはさらに暗くなっていく。

反対に、常に明るく笑顔で、ポジティブな発言をしている人の周りには、なぜか明るい人が集まってくる。SNSでも人気を集めているのは、たいていポジティブなメッセージを発信している人だ。

僕は、人生は「SOSの法則」で成り立っていると信じている。これは僕が崇拝しているYouTube講演家、鴨頭嘉人（かもがしらよしひと）さんのお言葉でもある。

S（そう）O（思ったら）S（そうなる）という意味だ。仮にイヤなことがあったとしても、ポジティブに物事を捉えれば、その通りに人生がつくられていくのである。怪しいと思うか？

だが、「SOSの法則」は信じる者だけが報われる法則だ。

僕は、「人気YouTuberになる！」と思ったから、そうなった。「筋肉をデカくしたい！」と思ったから、そうなった。「幸せになりたい！」と思ったから、そうなったのだ。

君が心から願っていることは何だろう。ネガティブ思考を排除して、「〇〇になりたい！」と強く思うことが、人生を切り開くための第一歩だと思う。

筋トレ図鑑 2

スクワット（自重）

脚を腰幅に開き、つま先はひざと同じ方向に。
両腕は前方に伸ばす。
かかとをつけたまま、お尻を深く下げる。
ゆっくり尻を上げて、元の姿勢に戻る。
地球を蹴り落とすイメージで行うこと。

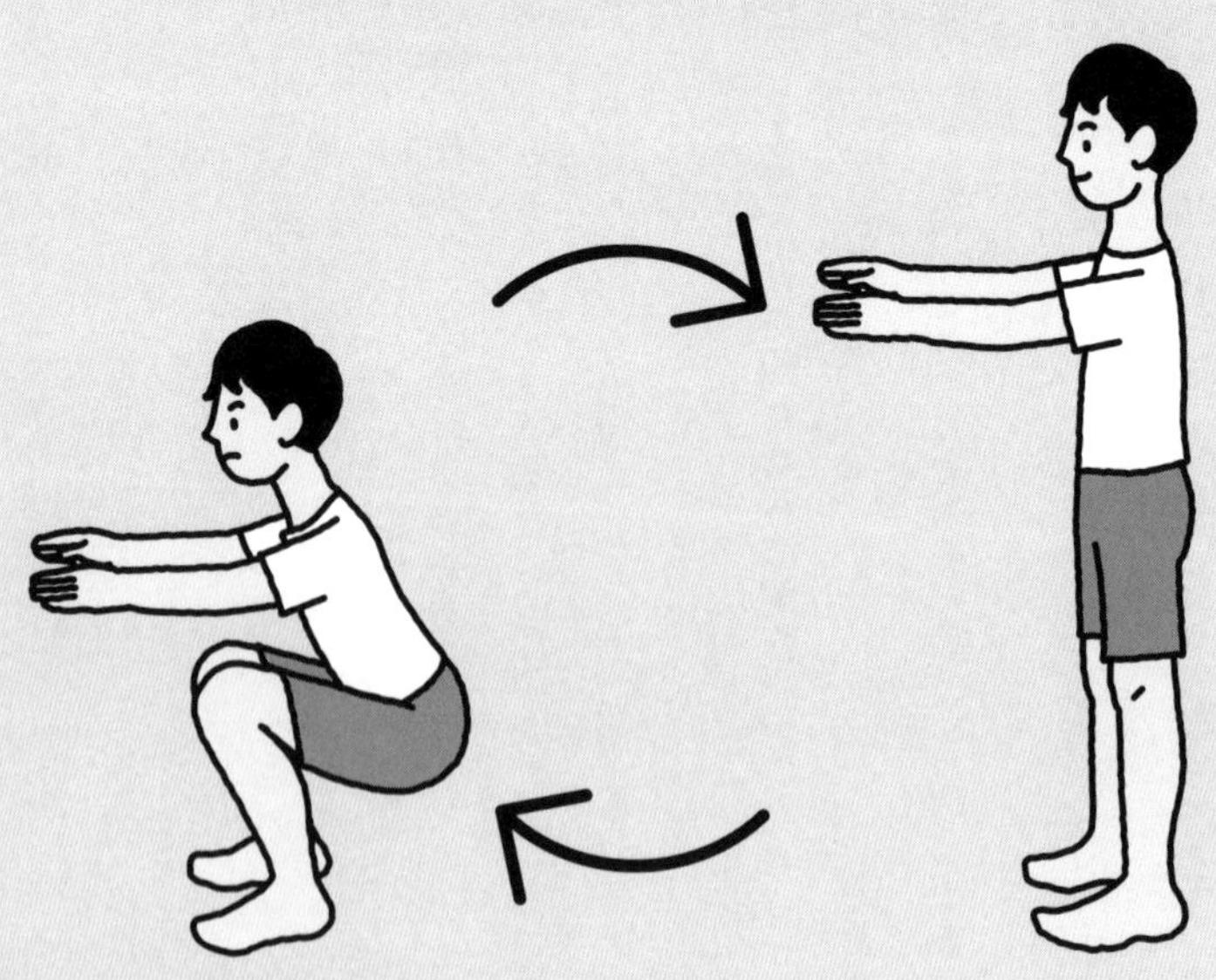

第 2 章

筋トレで「ダメな自分」を変える

15

つらいことがあると、すぐ逃げてしまう

筋トレで「限界を超える練習」をしろ

結局、つらいことから逃げ出してしまうのは、つらいことを経験して乗り越えた後の「快感」を知らないからだ。

筋トレはつらい。特に脚トレで、限界を超える練習（オールアウトと言う）をしたときは、この世に脚トレ以上につらいことなんてないんじゃないかと思える。

けれど、つらいトレーニングを乗り越えた後は、途方もない幸福感を覚えると同時に、筋肉痛(!)とバルクアップした筋肉というご褒美までもらえる。つらければつらいだけ、その先には快感と報酬が待ち受けているのだ。

「限界を超える練習」を繰り返していると、しだいに限界が限界ではなくなってくる。それまでベンチプレスで60キロを挙げるのが限界だった人でも、トレーニングの結果80キロ挙げられるようになれば、60キロはたやすく感じるようになるだろう。

限界というのは、一度超えてしまえば、ただの通過点にすぎないのだ。このことは、仕事や恋愛などの日常生活でも同様だろう。

つらいことから逃げてばかりいたら、自分の「限界値」はいつまで経っても上がらない。限界値が上がらないから、望む快感や報酬を得ることも叶わないのである。

限界を超えて成功を手に入れる擬似体験をするために、ぜひジムに行って脚トレをしてみてくれ。人生で起こりうる困難が屁でもなくなり、限界を超えた新しい自分に出会えるはずさ。

16

覇気がないと言われる

筋トレで「本能」と「闘争心」を呼び起こせ

さて、君は覇気がないそうだな。そんなもの、筋トレすれば一発で解消する。なぜなら、筋トレすると、テストステロンという男性ホルモンが睾丸（こうがん）からドバドバと分泌されるからだ（女性は副腎や卵巣で分泌される）。テストステロンはオス的な闘争心をかき立てるホルモン。気持ちを前向きにしてくれ、やる気があふれ

出し、行動力を格段にアップしてくれるものだ。

経営者などのビジネスエリートに、筋トレに熱中している人が多いのはそのためだろう。

だから覇気がないと言われる君は、とりあえずジムに行って筋トレだ。

テストステロンが大量に分泌されると、「総理大臣になろうか」「国中の重量プレート全部もってこい!!」「この国にいる女性（男性）、全員まとめて俺に差し出せ!! 俺のものだ!!」となり、仮に筋トレを休む日も「俺が休むんじゃない。ジムを休ませてやってるんだ」なる謎の全能感も得られる。

もはや誰も君のことを覇気がないなんて言わないでしょう。

また、筋トレをすると、見た目もいわゆる「男らしい」フォルムになり、覇気があるように見られる。筋肉に支えられて姿勢も良くなるから、存在感に説得力が生まれ、魅力的に見えるのだ。

テストステロンのおかげで性欲も爆上がりフェロモンダダ漏れだから、女性（男性）は君を放っておかないだろう。

17

集中力がまったくなくてつらい

高重量を扱えば必然的に集中力は高まる

じゃあ、ジム行く？

ジムは集中力を鍛えるにはもってこいの場所だ。

ジムには高重量のバーベルが山ほどある。高重量のバーベルを挙げるときは、集中して挑まなければ怪我をする。場合によっては、押しつぶされて死ぬ可能性も、まったくないわけではない。

だから高重量に挑むときは、精神を統一して、心を極限までポジティブに設定する必要がある。

そもそも「集中していない状態」というのは、心がネガティブな状態なのだ。「今日の晩飯何食おう」だとか「あの仕事を終わらせなきゃ」だとか「昨日の芳賀セブンの動画笑えたな」だとか、意識が散漫になっているようでは、高重量のバーベルには太刀打ちできない。

そういった意味で、筋トレは集中力を高めるのにも役立つだろう。ハードな筋トレ中は、筋トレ以外のことを考えるのは不可能だ。

つまり、筋トレに「全集中」できる。

1つの行為に全集中するのだから、ヨガやマインドフルネスなどと似たような効果を得られると僕は思っている。

集中力がないと嘆く君は、試しにベンチプレスでもスクワットでもデッドリフトでもいいから、高重量のバーベルを持ち上げてみてほしい。集中力を鍛えるトレーニングにもなるさ。

18

頭の回転が遅くてつらい

筋肉を鍛えれば脳も鍛えられる

かつて某女性タレントが、「筋トレって世界で一番意味がわからない」「男たるもの見せるための筋肉じゃなくて使える筋肉持っとけよ」と発言し、筋トレ界隈は騒然とした。

これらは、筋トレの奥深さを知らない浅はかな発言だと言わざるを得ない。なぜなら筋トレには、筋肉がデカくなる以外にもさまざまな効果が明かされているからだ。

筋トレで分泌されるテストステロンは精神面の安定を促し、集中力や積極性が増す作用がある。今日はどうも頭の回転が鈍いな、という日でも、筋トレをすると不思議と脳がアグレッシブに活動を始めるのはそのためである。また、筋肉そのものから分泌されるさまざまな「気分ぶち上げホルモン」は脳の活性化に貢献する。

さらに、筋トレすると、脳から「成長ホルモン」が分泌され、記憶力や意欲を高めることも知られている。つまり、筋肉を鍛えれば脳も鍛えられるのだ。

このような筋トレの恩恵を享受しているのが、経営者など一流のビジネスパーソンたち。ここ数年、ジムには「できる男」たちが集っている。

僕自身、どうにも仕事に前向きになれないとき、ジムに行ってから再チャレンジすると、驚くほどテキパキとタスクをこなすことができる。

この本を書いている今も、300キロを担いでスクワットした後だ。深夜1時半、筋トレ後の僕の脳はまだ死んじゃいない。

19

面倒な人に振り回されてつらい

変人になるのを恐れず「自分軸」を打ち立てろ

「細い幹に太い枝は生えない」

僕のトレーニング理論の柱だ。カラダを木にたとえてみると、胸や背中、脚など体幹部のデカい筋肉は木の幹になる。一方で、肩や腕など体幹部（幹）から生えている筋肉は枝になるわけだ。

さて、その辺に生えている木を見てごらん。太い枝というのは太い幹からしか生えていない。幹が細いのに、太い枝が生えているなんてことはない。

人間のカラダも同じことが言える。**体幹部の筋肉を大きくしてはじめて、枝の筋肉も大きくできるというわけ**。つまり、カラダを大きくしたければ、何より「幹（軸）」を大きく安定させなきゃいけないってことだ。

この理論は人生にも応用できる。確固たる「自分軸」を持っていないと、他人の顔色をうかがったり、自分にとって重要でないことにばかり追われたりしてしまうのだ。では、どうすれば自分軸をつくれるのか？

まずは筋トレをして、鏡の中の自分を何度も見つめること。カラダが美しく変化していけば、おのずと自分を愛せるようになる。気づかぬうちに、自分軸は築き上げられているだろう。

僕は周りから変人と言われることが多い。でもそれはまったく気にならないし、ネガティブにとらえたことはない。なぜなら、自分を愛し自分軸があるからだ。

君も変人と呼ばれるのを恐れず、確固たる「自分軸」を打ち立ててみないか？

そうすれば人生は、もっと面白くなるぜ！

20

自分を好きになれない

スマホの待ち受けを「最高の自分」の写真にしろ

自分を好きになるための、とっておきの方法を教えよう。それは、スマホの待ち受け画面を「自分」にすること。

笑顔の写真、盛れたイケメン写真、筋肉のベストショットなど、なんでもいい。

これぞ！　という自分史上最高の写真を選ぼう。ちなみに僕は、ボディビルの大会前日に撮影した、王様のコスプレ写真を待ち受けにしている（本書のカバーを外した表紙を参照）。

メラビアンの法則によると、人間は視覚情報（目から見える情報）に一番影響を受けやすいんだって。つまり、素敵な自分を目にするだけで、自分のことが大好きになる！　自信がみなぎる！

スマホの待ち受け画面は1日に何度も見るもの。僕は待ち受け画面を見るたびに、「デカ！　俺ってめっちゃカッコいいじゃん！　新宿二丁目最強のバルクにふさわしい姿だ！」と自信を与えられている。また、暗い気持ちになったときに写真を見ると、「は!!! 今の俺、全然王様っぽくない。もっと心に余裕を持たないと」といった気づきを与えてくれることもある。

最高の自分を待ち受けにしているだけで、イライラするのがバカらしくなったり、筋トレや仕事へのやる気がさらに高まったりもする。僕はスマホ画面だけでは飽き足らず、写真をプリントアウトしてスマホケースに貼り付けたり、Tシャツにしたり、SNSのアイコンにもしているよ。さすがにやりすぎかもね（笑）。

自分に自信が持てない人は、ちょっとでも試してみてよ！

21

人より能力が劣っていてつらい

筋トレで「人と比較しない」思考を身につけろ

筋トレでも仕事でも、他人と自分を比べるのは、最悪な思考習慣だ。人と比べて優劣をつけていると、他者の評価ばかりが気になってしまい、筋トレも仕事も嫌いになってしまう危険性がある。

大前提として、あらゆる能力は「遺伝に左右される」ことを認めなければならない。筋トレでいうと、同じトレーニングをしたとしても、筋肉がつきやすい人がいれば、つきにくい人もいる。生まれつきの骨格や骨盤、関節は筋トレで変えることはできない。だから、誰もが僕みたいな100キロ超えのムキムキマッチョになれるわけじゃない。

遺伝によって左右される部分があるのだから、他者と比較して優劣をつけるのはナンセンス。

仕事においても、日常生活においても、同じことが言える。遺伝や環境などさまざまな影響によって、どんなに努力をしても、人より劣っている分野はあるだろう。

ライバルは他者じゃない。自分自身なのだ。

過去の自分よりもレベルアップすることは誰にでもできる。昨日の自分に今日の自分が少しでも勝っていけばいい。それを積み重ねていけば、やがて大きな成果につながるのだ。

筋トレを始めればわかる。筋トレは、人生で大切なことを教えてくれる「人生の縮図」なのだ。

22

苦手なことがあってつらい

あれこれ手を出さず、まず「幹」を育てよ

筋トレにハマってくると、自分の弱い筋肉が見つかり、その筋肉を重点的に鍛えようとする人がいる。

たとえば、脚が細くて弱いからと、ハムストリング（太腿の裏側）を重点的に鍛えようとする人がいる。でも、それでは脚は太くならない。

脚の基盤になる筋肉は大腿四頭筋（太腿の表側）であり、四頭筋が小さいのにハムストリングだけ大きい、という人はまずいない。だから努力の方向性として、「大腿四頭筋」→「ハムストリング」の順番で鍛えるべきなのだ。

胸や背中を鍛える場合も同様で、苦手部位をピンポイントで鍛えるのではなく、基盤となる大きな筋肉を鍛えることを優先し、その後、細かい筋肉を鍛えたほうが効率がいいし、努力が成果につながりやすい。

筋トレは「人生の縮図」だから、人生においても同じことが言える。**細々した苦手分野を局所的に克服しようとせず、全体の基盤となる「幹」の部分を優先的に鍛えるべきなのだ。**

仮に君がYouTuberになりたいなら、細々した撮影や編集のスキル（枝）を学んでいるばかりで、コンテンツの内容（幹）がしょぼいものだったら、いつまで経っても再生数は伸びないだろう。

努力の方向性を間違えないようにしよう。

苦手なことが本当に自分に必要なことなのか、見極めることから始めてみてほしい。

23

親ガチャでハズレを引いてつらい

親は選べないが、筋トレは自分で選べる

一時期、「親ガチャ」という言葉をよく見かけた。「子どもは自分で親を選べないから、どういう境遇で生まれるかは運まかせ」という意味らしい。幸せになるのも不幸になるのも、恋人ができるのもできないのも、お金持ちになるのもならないのも親しだいってわけだ。

でもそれって、人生の主導権を放棄していないか？　君の人生の舵（かじ）をとり、切り拓いていけるのは、君自身だけなのに。

親ガチャとか言ってるヤツは、速攻で筋トレを始めるしかない。

筋トレをすれば顔がシュッとしてムキムキになり恋人ができるし、気分ぶち上げホルモンがドバドバ出て異様な幸福感に包まれるし、思考能力がアップして集中力も高まるから仕事が捗（はかど）り、超ハイパフォーマーになるから収入もバンバン増える。まあそこまでいかなくても、今より良くなることは間違いない。

親との問題も、解決に向かう可能性がある。

マッチョになれば、親を引きずってジムへ連れていける。親と一緒に筋トレをすれば親にも気分ぶち上げホルモンが分泌されて、親子のわだかまりも消えていくかもしれない。互いにポジティブな言葉しか発さなくなれば、幸福感に包まれて毎日過ごすことができるだろう。

このように筋トレは、人生の主導権を取り戻す、とっておきの方法なのである。どんな親の元に生まれるかは自分で選べないが、筋トレをするかしないかは自分で選べる。君はどうする？

24

学歴や仕事にコンプレックスがある

筋トレで「筋肉コンプレックス」に置き換えろ

学歴？　仕事？　容姿？　恋愛経験？　ファッションセンス？　年収？　家柄？　コミュ力？　ＳＮＳのフォロワー数？

くだらない、あーくだらない。

そんなことを気にしている暇があったら、筋トレしろ。筋トレに熱中すれば、あらゆるコンプレックスはどうでもよくなる。

仮に、学歴がマサチューセッツ工科大学卒のヤツがいたとしても、筋肉を育成することに頭が一杯ならば、そんなことは本当にどうでもいい。

仮に、年収5億で都心の豪邸に住んでいるヤツがいても、筋肉をまとった体を映す鏡さえあれば、自分が田舎の4畳半に住んでいても痛くもかゆくもない。

あらゆるコンプレックスは、筋トレの前では無力なのだ！

筋トレを始めた瞬間、筋肉以外のあらゆる価値基準は無効化される。

君がこれまでパッとしないしょうもない人生を歩んできたとしても、それは「筋トレをする前の人生」に過ぎない。失敗や挫折を重ねてきたとしても、筋トレを始めたならば、それまでの人生はリセットされ、新しいゲームを始めることができるのだ。

コンプレックスを抱くならば、「しまった！　先週の自分より筋肉が落ちている！」という筋肉コンプレックスにしよう。その場合も他者とは比較せず、過去の自分へのコンプレックスだ。

さあ、そろそろ「筋トレを始めた後の人生」を始めてみない？

25 最近、うれしいことがなくてつらい

「目標達成」の喜びを筋トレで知れ

特別な「うれしいこと」がなくても、「うれしい気持ち」になれるのが筋トレだ。

筋トレによって、気分ぶち上げホルモンの1つのドーパミンが分泌されると、「うれしい」「楽しい」という気分になってくる。

ドーパミンは、「目標を立てて、それを達成する」ときに大量に分泌される。だから筋トレを行う際は、回数や重量の目標をあらかじめ設定し、その目標のクリアを目指すのがいい。

目標達成によってドーパミンが分泌されると、脳は「この快感をもう一度味わいたい」と思い、次なる目標や記録にチャレンジする意欲が湧いてくる。そしてまた目標を達成すると、ドーパミンがさらに分泌され、さらに幸福度が増すというカラクリだ。

この「正のスパイラル」に入ることができれば、日常がうれしいことばかりに変わっていく。マッチョに笑っている人が多いのはそのためだろう。

筋トレで目標達成の喜びを知れば、日常の仕事でも応用できる。**やみくもに頑張るのではなく、小さなゴールを設定して、それを毎回クリアするように着実に業務を遂行していけば、ドーパミンの力を借りて、幸せを感じながら働けるのだ。**

目標は、高すぎもせず低すぎもせず、昨日の自分よりも気持ちステップアップするくらいに設定するのがいいだろう。

何者にもなれなくてつらい

アピールポイントに「筋肉」を加えろ

そもそも筋トレすれば幸せになれるのだから、わざわざ何者かにならなくていい。それでも何者かになりたい、たとえば有名人になりたいというなら、そのためのコツをアドバイスしたい。

僕は何者でもないときから、「マッチョ」だった。世の中にはマッチョはたくさんいる。だから、マッチョなだけでは有名になれない。

僕の場合は、「マッチョ」という特性に「動画配信」をかけ合わせた。さらにそこに「ゲイ」や「エンタメ」という要素を加えることで、唯一無二の動画を配信している（と思っている）。

つまり、自分が持っている複数の要素をかけ合わせることによる、オリジナリティと差別化の結果として有名になれる、のだと思う。３つかけ合わせると、１００万人に１人しかいない、唯一無二の存在になれると言われている。

君が何者かになりたいなら、この点を意識しなければならない。

もし君がパティシエならば、「パティシエ×筋肉」という切り口によって取材依頼が殺到するかもしれない。もし君が弁護士ならば、「弁護士×筋肉」という切り口によって弁護依頼が殺到するかもしれない。

つまり、**君のアピールポイントの１つに「筋肉」を書き加えれば、有名になるのも夢ではないという話**。

ただ、繰り返すけど、わざわざ有名にならなくても、筋トレするだけで承認欲求は満たされる。精神的にも安定する。

27

「うすっぺらい人間だ」と言われてつらい

筋トレして「物理的に厚い人間」になれ

人のことを「うすっぺらい人間だ」と言う人間がいること自体に衝撃を受けるが、僕からできるアドバイスはただ1つ。「だったら物理的に分厚い人間になってしまえ」だ。筋トレすれば、うすっぺらい人間も分厚い人間になれる。

……という話ではないとするなら、**筋トレによって「精神的な厚み」が増すことも確かだ**。

筋トレをすると、自信が生まれる。新宿の雑踏を歩いていても、「今ここでスクワット300キロ持ち上げられるのは俺だけだ」と思うと、仮にこの場で殴り合いが始まっても自分が最強だから、何も怖くない。ナイフで刺されても銃弾をぶちこまれても、筋肉という鎧があるからそう簡単に死にはしないだろう。

そう思うと、イライラしている人を見ても「ご苦労さん」という気持ちにすらなる。生物として格の違いがあるから、反対に弱い生物に対して優しい気持ちになれるわけだ。

その余裕は立ち居振る舞いにもにじみ出て、周囲には「精神的に余裕がある人」「器の大きい人」だと思われる。そんな人物に対して「うすっぺらい」などとは誰も言わないだろう。

もちろん、君も300キロ持ち上げる必要はない。ただ、今より物理的に厚くなるだけで、精神的にも分厚い人間になれる。そう考えて筋トレに励もう。

28

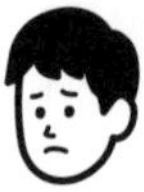

お金がなさすぎてつらい

確実に増えていくもの、それは筋肉

お金がなくても筋トレはできる。自宅で腕立てや腹筋、公園の鉄棒で懸垂をするだけならタダだ。初期投資としてダンベルや腹筋ローラー（アブローラー）を購入すれば、さらにトレーニングのバリエーションは増える。

ただし、自宅での筋トレは継続が難しいので、僕がオススメするのはやはりジ

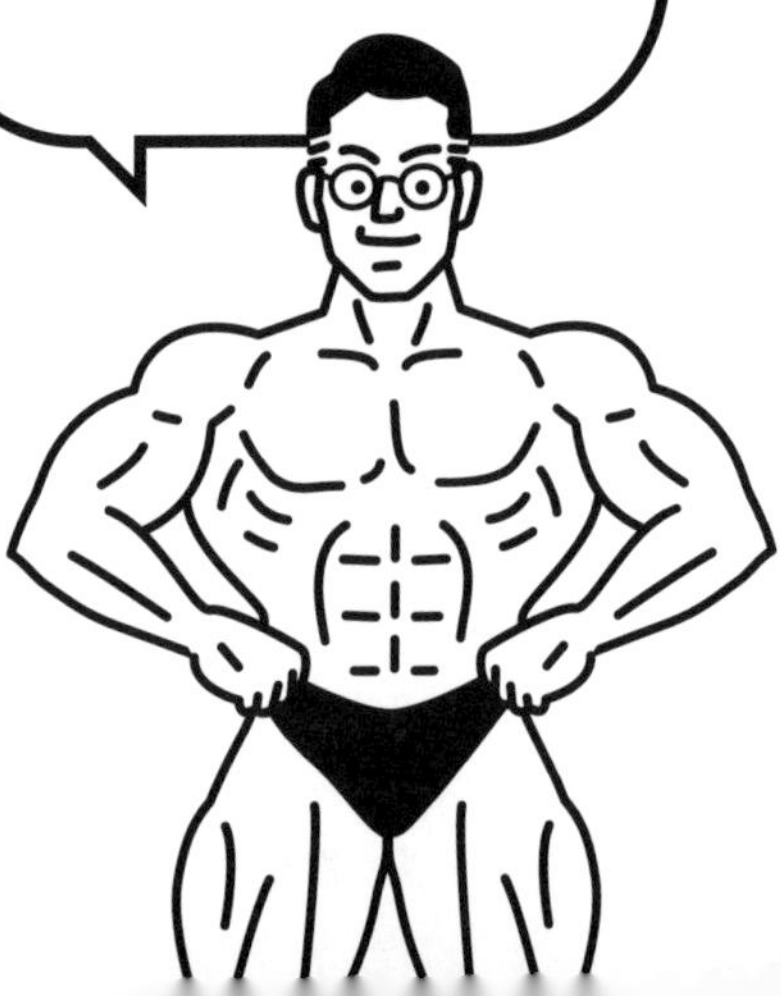

ム通いだ。僕は月額1万円でゴールドジム横浜上星川店に通っているが、最近は月額3千円程度のジムもある。1回数百円で利用できる公共のスポーツセンターのトレーニング室もある。

とにかく貧乏だからといって悲観せず、筋トレを始めてほしい。お金がないときこそハングリー精神が育まれる。**筋トレによって得られる「ポジティブ思考」と「貧乏」のかけ合わせは、最強の成り上がりの法則だ。今筋肉に投資しておけば、将来必ず大きなリターンとして返ってくるだろう。**

筋トレは「株や投資信託の積立投資」に似ていると僕は思う。

積立投資は、コツコツと毎月投資して、長期間運用することで、お金を増やす手法だ。短期間で爆発的な利益を得るのは難しいが、将来的に大きなリターンを得ることができる。

筋トレも同じで、コツコツ継続すれば筋肉は確実に増えて、将来必ず大きなリターンがある。健康面でもルックス面でもメンタル面でも、筋トレは決してムダにならない。積立投資と同じように、始めるなら早いほうがいい。

「筋肉投資」を始めよう。確実に増えていくもの、それは筋肉。

29

夢が叶わなくてつらい

筋トレで夢なんてどうでもよくなる

ぶっちゃけた話、筋トレをすると、それまでの夢なんてどうでもよくなる。筋トレそのものが自分の夢になる。だから毎日のように夢を実現できる。それが筋トレである。

そうは言っても、筋トレ以外の夢を追いたい人もいるのだろう。

ぶっちゃけた話、筋トレによって、あらゆる夢が叶いやすくなるのは確実だ。

筋トレによって、確固たる自分軸を打ち立て、常にポジティブ思考で物事に打ち込み、成功体験を積み重ねてドーパミンをドバドバ分泌させれば、思考力も集中力も意欲もアップするから、夢の実現に向けた行動をとれるようになるのだ。

ただし、あまりに筋トレに熱中しすぎると、冒頭に書いたように、それまでの夢なんてどうでもよくなってしまうから注意が必要だ。

筋トレオタクになりすぎると、鶏胸肉ばかり食べるから人との会食や飲み会を敬遠したり、駅のホームで人目もはばからず鶏胸肉だけの弁当を食べ出したりして、「変人」の烙印（らくいん）を押されることがある。筋トレが、夢の実現を遠ざける危険性も孕（はら）んでいるわけだ。**人生を豊かにするための筋トレなのに、筋トレに人生を振り回されている人がなんと多いことか**。

だから夢追い人の君は、筋トレに人生を乗っ取られない程度に筋トレをしてほしい。

もちろん、筋トレに人生のすべてを捧げてかまわない人は、僕のように駅のホームでも自由に鶏胸肉を食べ、プロテインを飲んでほしいと思う。

人と違う（ゲイである）ことがつらい

筋トレして「人と違うこと」の価値を知れ

LGBTQは、11人に1人の割合でいると言われている。当たり前だけど、ゲイであることはまったく変なことじゃない。

僕がゲイだと自覚したのは社会人1年目の冬、23歳の頃。僕はゲイであることに悩んだことはなく、むしろカミングアウトしたくて仕方がなかった。**職場の人**

や知人に伝えてみると、関係が破綻することなどなく、むしろ自分に興味を抱いてくれる人や仲間や友達がどんどん増えたように思える（親にも伝えた。親は理解してくれたけど「納得」までには時間が必要のようだ。そりゃそうだよね、「孫の顔を見られないのか」とか、いろいろ考えてしまうだろうから）。

「人と違う」ということは、社会に出たら価値に変わる。これは間違いない。

アインシュタインにしろライト兄弟にしろスティーブ・ジョブズにしろ、新しい価値を生み出した人っていうのは、若い頃に「人と違う」と馬鹿にされていた人だ。だから、「人と違う」ことはアドバンテージだと捉えたほうがいい。人と同じことほど、つまらないものはないよ。

僕は、新宿二丁目最強のバルクの自分って「面白い！」「貴重な存在！」「最高！」だと思っている。そうポジティブに捉えると、自然と仲間が増えて、人気も出てくるんだ。

君も僕のようになれとは言えないけど、**ゲイは絶対に悪いことじゃない**。それだけは忘れず、筋トレでポジティブ思考を身につけよう。筋トレとあまり関係ない話になっちゃったけど、そう思うよ。

イヤなことばかり起きている

この世の出来事すべてに意味がある

本当にイヤなことばかり起きているのだろうか。遭遇した出来事に対して、君が「イヤなこと」だと思っているだけではないか。

僕が人生で最も「イヤなこと」に遭遇したのは、付き合っていた男に振られてしまったときだ。今ごろ他の男とイチャイチャしていると想像すると、ひどく落ち込んで何にも集中できなくなってしまった。

でも僕はこの経験を、「もっといい男性と出会う」ための布石だと捉えた。どんな出来事が起きたとしても、それは自分の人生にとって意味のあることだと考えたのだ。

この思考回路を手に入れたとき、僕の目の前からあらゆる「イヤなこと」が消えていった。

たとえば、急いでいるときに電車に乗り遅れたとする。こんなささいな「イヤなこと」でも、それまでの僕は腹を立てていた。けれど今は、電車に乗り遅れたことすら意味のあることと捉え、次の電車が来るまでメールの返信したり、仕事の資料を読み直したりするなど時間の有効活用ができるようになった。

自分の思い通りにならない出来事が起きたときは、神様が何らかの学びを与えてくれたんだ、と考えよう。

そうすれば、落ち込むこともイライラすることもなくなる。これこそ、幸せになるための宇宙の大原則なのだ。

筋トレ図鑑 3

腹筋ローラー

腹筋ローラーのグリップを両手で握り、床に両ひざをつく。
ローラーを前方に転がしていき、限界まで体を伸ばしたら
元の体勢に戻る。高負荷をかけたい場合は、
ひざをつかずに行えばいい。見た目以上に効く。

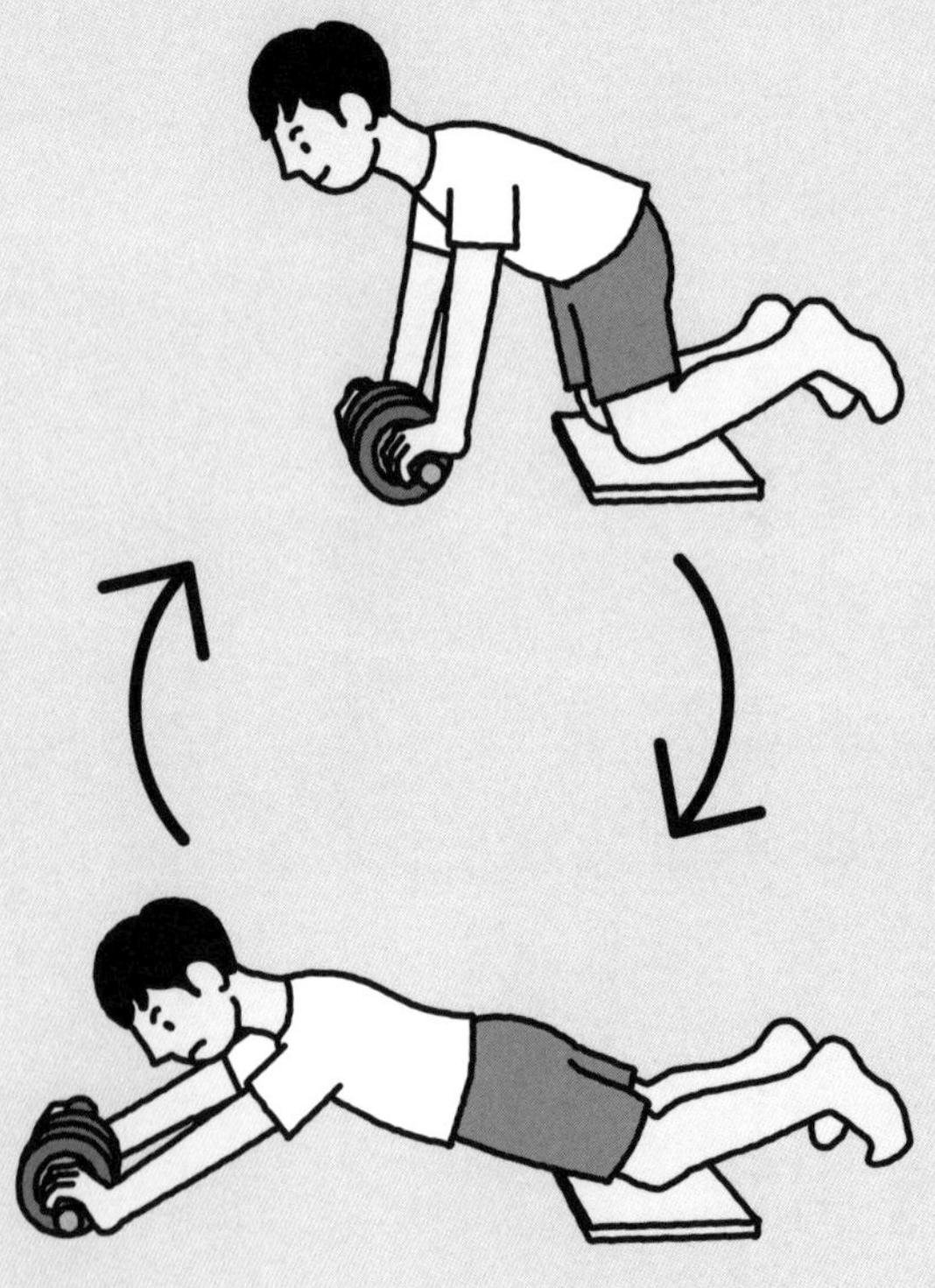

第3章

筋トレで「だらだらした行動」を変える

31

面倒なことを後回しにしてしまう

筋トレを「習慣化」して悪癖を塗りつぶせ

やる気が出ない。面倒くさいことを後回しにしてしまう。誰にでもあることだ。そんなときは迷わずジムに行こう。ジムに行く前はやる気がなくても、カラダを動かし出すと不思議とやる気が出てくるものなのだ。

私生活の面倒くさいことも同様で、「とりあえずやってみる」と、どんどんや

る気になってくる特性が人間にはある。これは脳科学でも明らかにされている。1つのコップを洗ったら、「ついでにこれも、これも」とすべての食器を洗ってしまう感じだ。

ジムに行くのを強制的にスケジュールに組み込んで「習慣化」してしまえば、モチベーションなんて必要ない。だから私生活でも面倒なことはスケジュールに組み込んでしまうのがベスト。人は、3週間継続させたことは、習慣として定着するようになっている。やらないと気持ち悪くなるはずだ。

筋トレに関して言うと、僕の場合、大好きなことだからモチベーションを高める必要はない。けれど、モチベーションに悩んでいる人には「①とりあえずジムに行け!」に加えて、「②好きな格好をして好きな曲を聴け」「③短期的な目標をつくれ」「④ジム仲間をつくれ」「⑤ときには休め」とアドバイスしている。

②④をすればジムに行くのが楽しくなる。③をして目標を達成すればドーパミンが分泌されてやる気が出てくる。そして、⑤の休息も大切。やる気が出ないのは体力的な理由である場合も多い。

これらは私生活の面倒なことにも応用できるはずだ。

32

仕事がつまらなくてつらい

どんなに退屈な時間でも筋肉は成長している

「仕事がつまらない」と嘆く人は、人生における仕事の比重が大きくなりすぎている。**仕事にやりがいがあろうとなかろうと、筋肉目線に立てば、仕事の時間は「超回復」の時間だと捉えられる。**

筋肉を効率よく成長させるには、トレーニングと栄養、そして休養のバランスが重要だ。

そもそも筋トレとは、筋繊維をブチブチに損傷させる行為である。そこにタンパク質などの栄養をぶち込み、適切な休息を取ることによって筋肉はデカくなる。この現象を「超回復」と呼ぶ。

つまり、トレーニングばかりして超回復の時間を取らなければ、筋肉はいつまで経ってもデカくならないというわけだ。

そこで有効活用できるのが、仕事の時間。**君が「仕事がつまらないなあ」と考えている間も、筋肉は超回復をし続けている**。そのように認識してみると、仕事の時間は決してムダではないのだ。

また、筋肉目線で生きていると、仕事にも前向きに取り組めるようになる。ジム代やプロテイン代、大量の鶏胸肉や卵代を捻出するには、仕事をして稼がなければならない。筋肉のためなら、意欲が湧いてくるだろう（もし君が恋をしているなら、好きなあの子と遊ぶためのお金だって必要だ）。

このように筋肉目線に立って仕事を捉えると、「働く理由」が明確になる。転職を考えるときも、筋肉に良いか悪いかで判断することをオススメする。

33

仕事で失敗してしまってつらい

筋トレしてウジウジした気持ちをリセットしろ

たかが仕事の失敗だ。たいしたことない。

筋トレの失敗はつらいけれど、仕事の失敗くらいで悩んでいたら、筋肉は大きくならないぞ。ウジウジと悩んでいると、ストレスホルモンのコルチゾールが分泌されて、カタボリック（筋肉が分解される）状態になってしまう（35ページ）。

カタボるのを避けるためにも、一刻も早くジムに行き、スクワットを始めよう。

高重量に挑戦すれば、仕事の失敗で悩んでいる暇なんてない。バーベルにつぶされないように、死に物狂いで担ぎ上げるはずだ。筋トレすれば、たいていの悩みは消える。

いい汗をかいてスッキリすると、仕事の失敗について、「まあ、ミスったことは仕方がない。明日からまた頑張ろう」とシンプルに、前向きに考えられるようになるだろう。

筋トレには、気持ちをリセットして、物事をシンプルに考えられるようになる効果があるのだ。

僕は、対応に悩むメールがあるとき、すぐに返事をしないようにしている。頭がゴチャゴチャした状態で返信をすると、判断を誤ることが少なくないからだ。

そういう場合はまず筋トレして、気持ちをリセットする。すると、シンプルで的確な返信ができる。

わざわざジムに行かなくても、気持ちをリセットしたいときは、職場でスクワットをしたり公園で懸垂したりしてもいいだろう。

34

生活が不規則でつらい

筋トレ習慣は人生のリズムを刻むメトロノーム

筋トレを始めると、間違いなく生活習慣が規則的になる。不摂生や不規則な生活を送りがちな人は、まずは週3〜4回のジム通いを始めてみよう。**平日でも土日でも、スケジュール帳の空き時間に「ジムの時間」を確保してほしい**。トレーニング時間は、着替えなどを含めても1時間あれば十分だ。

ジムに通い始めれば、筋肉の超回復に必要な睡眠時間を確保するようになったり、タンパク質中心の食生活に変わったりと、おのずと健康的な生活を心がけるようになる。

ジムの時間を確保するために、時間を逆算して行動するのが習慣となり、仕事や生活にもメリハリがつくだろう。

ジムの月額は高くても1万円程度。それで通い放題だ。暴飲暴食をしたり、友達と遊び歩いたり、必要ないものを買ってしまったり、ゲームにムダな課金したりするお金があるなら、そのお金は絶対にジムに投資したほうがいい。

ジムに通うだけでムダな浪費を抑えられて、生活習慣が規則的になり、かつ筋肉が増えるのだから、一石三鳥だ。

僕自身、筋トレが日常習慣に組み込まれているから、規則正しい生活ができている。**筋トレをしなくなったら、廃人のデブになっていたことは間違いない**。

筋トレを特別な時間にするのではなく、毎日の歯磨きのように当たり前にする習慣にしていこう。そのためにも、まずは3週間、継続してみて！

35 夜、眠れなくてつらい

筋トレは最強の「快眠法」だと証明されている

僕は毎日が快眠だ。

眠れない日はない。これは自分の体質だと思っていたのだが、実は筋トレこそ最強の睡眠法であることが昨今の医学研究で明らかにされた。

アメリカのアイオワ州立大学のアンジェリーク・ブレレンシン氏（呼びづら

い！）の研究論文によると、1年間筋トレのみを行ったグループは夜間の睡眠時間が平均40分増えたのに対し、有酸素運動のみを行ったグループは平均23分、筋トレと有酸素運動の両方を行ったグループは平均17分の増加だったという。

つまり、筋トレだけやっているほうが、一番眠れるってわけだ！ 有酸素運動も睡眠にいいけれど、筋トレには敵（かな）わないのである。

ブレレンシン氏（呼びづらい！）によると、筋トレのみを行ったグループは夜間に目覚める回数が減り、睡眠の質が向上したという。

その理由をブレレンシン氏（呼びづらい！）は、筋トレによって分泌するテストステロンと成長ホルモンが関係しているか、あるいは筋繊維がブチ切れると強力な信号が脳に送られて深い回復状態に入るためだと予測している。

なるほど、どうりで僕はこんなにも眠れるわけだ。

小学生の頃から筋繊維を切りまくってきたので、超回復のために自然と快眠体質になっていたのだ。

不眠の人、筋トレをしまくれ！

36

朝、起きられなくてつらい

デキる男は早朝筋トレで差をつける

夜に眠れれば、朝つらくない。だから筋トレして寝ろ。以上。

という話だが、せっかく早起きするなら、朝にトレーニングするのも悪くない。

今は24時間利用できるジムも増えている。

経営者などのビジネスパーソンは朝に筋トレしている人が多い。その理由はいくつか考えられる。

まず、筋トレをするとさまざまな気分ぶち上げホルモンが分泌され、脳が冴える。大事な判断をしなければならないとき、頭がぼんやりしていたら経営者は務まらない。

また、筋肉があるとカラダは疲れにくくなり、肩こりや腰痛に悩まされることも減る。健康習慣として筋トレは活用できる。

筋肉がなくカラダが疲れやすい人は、行動するのが億劫になってしまう。フットワークの軽さが求められるビジネスの現場では、それは致命的だ。**筋肉を増やすことはフットワークの軽さにもつながるのである**。

そして、見た目の問題。できるビジネスパーソンの多くは、筋肉のついた健康的な肉体をしている。だらしないカラダをしているより、そのほうが説得力も増すし、ビジネス上の信頼も得やすい。

こういった観点から、ビジネスエリートには筋トレを習慣にしている人が多いのだ。朝に筋トレをすると、１日を清々しく過ごすことができる。仕事に好影響を与えたい人は試してみてほしい。

金曜夜に飲みすぎて週末をダメにしてしまう

ジムが空いている週末の夜こそ筋トレしよう

1週間が終わった金曜の夜に飲みすぎてしまう気持ち、僕にはよくわかるよ。会社員にとって華金は、面倒くさい仕事から解放される最高の時間だからな。けれど、ハメを外しすぎて二日酔いになり、週末をだらだら過ごし、月曜の朝に暗い気持ちで出勤する、なんてことは避けたい。

たとえば、飲みに行くのは日曜日にして、金曜の夜や土曜の夜はジムの時間にしたらどうだろう？

週末の夜というのは、みんなお酒を飲みに行っていたりして、比較的ジムが空いているんだ。自分のペースでトレーニングがしやすいし、他人の目が気になりがちな人にはもってこいの時間帯だ。

僕は、ボディビル大会のためにダイエットをするときでも、週に1日、日曜日はチートデイにしている。好きなものを食べたり飲んだりしていい日だ。日曜なら、翌日に配慮して飲みすぎない。たいていは新宿二丁目に飲みに行く。

ストイックな人は否定するかもだけど、僕にとって日曜夜の時間は絶対に必要なんだ。ハードなトレーニングと減量を続けていると、精神的にも追いつめられてくる。**だけどチートデイがあれば、その日に向けて頑張ろうと思えるから**。

週に1日くらい、楽しくお酒を飲むくらい何も問題ない。そんなことで筋肉は分解されないし、これまでのダイエットがムダになることもない。

ストレスを溜め込むほうが、筋肉の成長を阻害する要因だ。だから、自分をうまくコントロールできるタイミングで、楽しくストレス発散をしよう。

38

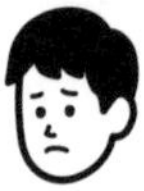

仕事が遅くて残業が続いている

筋トレも仕事も「短時間集中」で成果が上がる

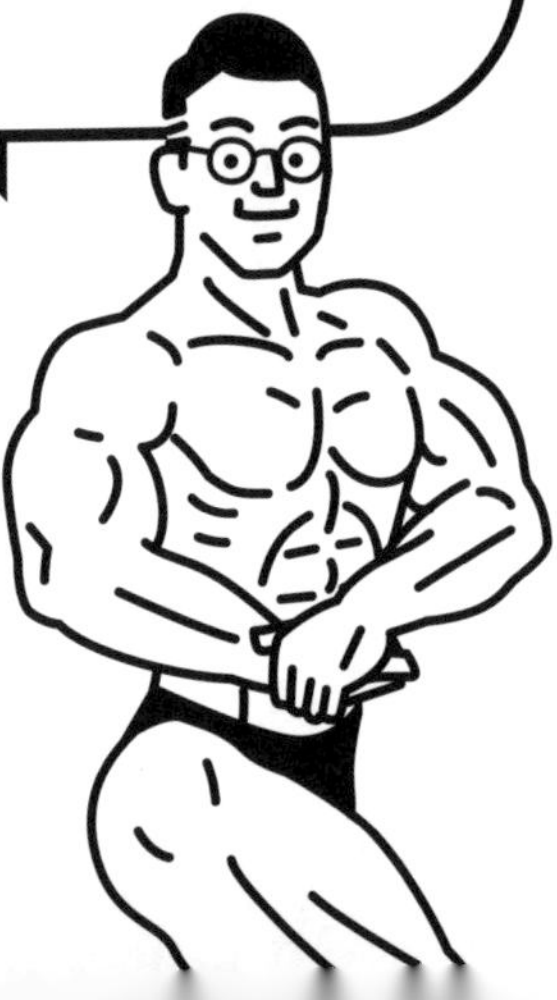

僕の筋トレの持論に、「筋肉はジムにいないときに成長する」「長時間トレーニングは非効率」というものがある。

1日3～4時間もだらだら筋トレするよりも、1～2時間前後に収めて集中して筋トレし、浮いた時間を食事や超回復の時間に充てたほうが、絶対に筋肉はデ力くなる。

筋トレは筋繊維を刺激・破壊する行為だ。筋繊維が刺激・破壊されると、脳は「このままでは死んでしまう。もっと筋肉をつけろ！」と筋肉に指令を送る。その結果、破壊された筋繊維が回復することで筋肉はデカくなる。つまり筋トレとは、筋肉をデカくするためのスイッチにすぎないのである。

だから、僕は短期決戦型のトレーニングを勧めている。長時間のトレーニングは低負荷になりがちで、むしろ筋繊維への刺激が弱くなってしまい、筋肉がデカくならないばかりか、ストレスにより筋肉が小さくなる危険性すらある。

「高負荷のトレーニングを短時間集中で行う」のが筋肥大への近道なのだ。

この短時間集中の習慣は、仕事にも役立つ。

だらだらと長時間労働をするより、短時間に集中して働いたほうが絶対に成果が上がる。**長時間労働が常習化している人は、決めた退社時間までに絶対に仕事を終わらせるのだ。**だらだらした行動を改善するには、「時間を決める」ことが何より効果的なのである。

残業続きでも、短時間で力を出し切れば筋肥大は加速するので心配不要です！

39

たくさんの仕事がこなせない

分割法で、やることを1週間で分ける

やるべき仕事がたくさんあると、どれから始めるか迷ってしまうことがあるよね。そんなときも、筋トレが解決のヒントをくれる。

筋トレには「分割法」という鍛え方がある。**筋肉にもいろいろな部位があるから、それらの筋肉を日ごとに分割して鍛えていこうという手法だ。**

分割の仕方は人それぞれ。僕の場合はおおよそ週はじめに脚、中盤は胸・肩・腕、週末に背中と分割している。休みの直前か前日に、デッドリフトをするのが決まり。

これが終わったら飲みに行けるとワクワクした気持ちでデッドリフトをすると、高重量を持ち上げることができる。デッドリフトはメンタルと直結した種目なのだ。

分割法は、たくさんの仕事をこなすのにも参考になるだろう。週の最初に重めの仕事を持ってきて、後半にかけて軽めの仕事をする。その反対も考えられる。重めの仕事と軽めの仕事を交互にこなすのがいい人もいるだろう。

やみくもに仕事を片づけるのではなく、1週間にやることを分割してスケジューリングすれば、仕事の効率化につながるはずだ。

その際は、何も予定を入れない空白の時間もつくっておいたほうがいい。突然緊急の仕事を振られるかもしれないし、予定が狂ったときに活用するための時間だ。

ぜひ、筋トレでも仕事でも、分割法を試してみてほしい。

40 仕事の調子がいまいち上がらない

1分だけやってみてダメなら早く帰ろう

この章の冒頭でモチベーションを上げるための方法を伝えた。けれど、どうしてもやる気が出ないときがあるのも事実だ。

どうしてもやる気が入らないとき、僕はまずカフェインをサプリや飲料で摂取して、体力の前借りをしてみる（ただし乱用は避ける）。

それでもダメなときは、次のように対処している。

①ジムに行かない（義務感を感じたら行かない。やる気もないのに行っても逆効果）

②すぐ帰る（ジムに着いてもやる気が出なかったら、着替えもせずに帰る）

③1セットだけ本気を出す（ジムに行って、1セット1分間だけ頑張る。それでもやる気スイッチが入らなければ帰る）

④低重量・高回数トレーニングをする（いつもより低負荷で筋トレする。やる気スイッチが入らなければ帰る）

ざっとこんな感じ。とりあえず始めてみて、それでもやる気が生まれなければ、潔く帰ったほうがいいという話だ。

結局、仕事も同じだと思う。**とりあえず仕事を始めてみて、いつもの調子が出ないなという日は、残業せずに早めに家に帰ってリフレッシュしたほうがいい**。必ず翌日のパフォーマンスが上がる。

気が乗らないまま中途半端なパフォーマンスをしてしまったら、表現しきれないほどのイライラが襲ってくる。筋トレをして、モヤモヤした感情をリセットするのも有効だろう。

Column

SNSのアンチコメントが怖い

無視もしくは人類愛で包み込もう

SNSでフォロワーが増えるにつれ、アンチも増える。これは仕方がない。アンチコメントを送る人の心理はこんなところだろう。

①マウントを取りたい――聞いてもないのに「自分はこう思う」と持論を述べ、格上の存在（フォロワーが多い。能力がある。地位や名誉がある。注目されている）に

マウントを取ることで、優越感に浸ろうとしている。

②承認欲求を満たしたい——自分のアンチコメントを誰かに認めてもらいたい、共感してもらいたいという欲求が無意識に働いている。

③嫉妬や妬み——格上の存在に嫉妬をつのらせ、嫉妬による不快な気持ちを、野次や悪口、粗探しによって解消している。

とまあ、しょうもない理由からアンチコメントを書いていることがほとんど。

対策としては、「無視する」「ミュートする」「ブロックする」が無難。

僕の場合は、「全力の愛を込めて返事をする」こともある。聖母マリアばりの愛で、アンチに優しく語りかけるのだ。

すると不思議なもので、悪口を言っていたアンチが僕のファンになってしまうことも。

アンチは人から愛情を受けた経験が少ないかもしれない。それで攻撃的になるのだと僕は思っている。だから、**聖母マリアばりの愛で抱きしめてあげると、アンチは攻撃する相手を失って、シュンとしてしまうのだ。**

まあ、面倒くさいときは、無視かブロックだけどね。

筋トレ図鑑 4

ブルガリアンスクワット

椅子などの台に片方の足の甲を乗せ、
もう片方の足は前に出す。
そのまま尻を下げ、ゆっくり尻を上げる。両足行う。
プリケツになれる最強の種目だ!

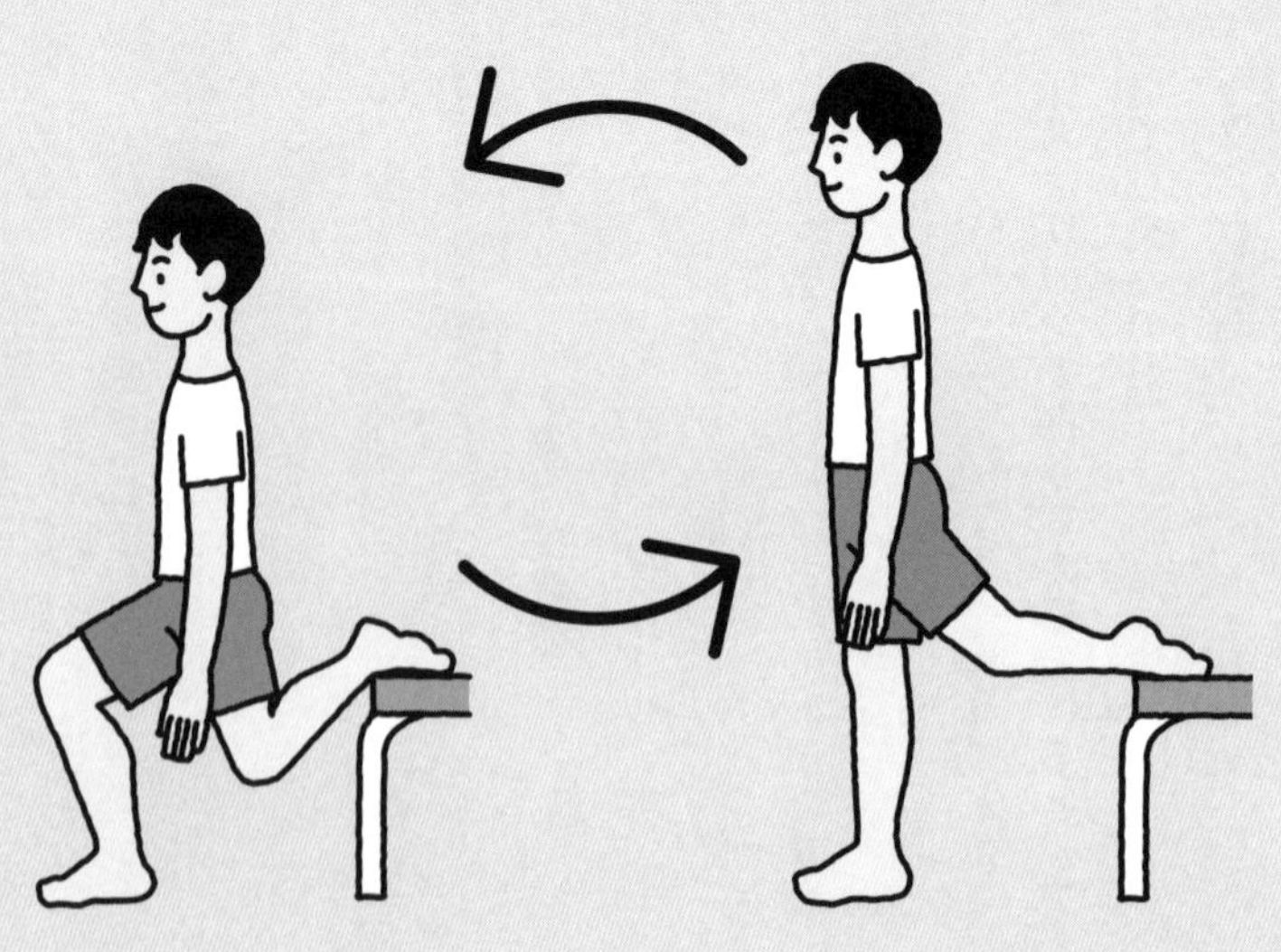

第 4 章

筋トレで「非モテ・コミュ障」を変える

自分に自信が持てない

筋トレで「永久自信ポイント」を貯めろ

筋トレして確実に得られるもの。それは「自信」だ。重量や回数の記録を更新するだけで、「俺ってすげえ!」「最強!」というように、自分で自分をほめてやりたくなる。それが、自信や自己肯定感につながるのだ。筋トレをすればするほど「永久自信ポイント」が付与されていると言える。

また、「自分の強み」を見つけるのも自信につながる。

僕の場合は、デッドリフトの重量、スクワットの重量、ハムストリングのデカさ、上腕の太さ、ゲイであること、などが自分の自信につながっている。自信があるから、「もし不良たちに襲撃されても、まとめて抱いて、俺の可愛いペットにしちゃおう」と心に余裕が生まれるのだ。

そして、筋肉がつくだけで、アウトローやガテン系の人から謎にリスペクトされる。一方で、しつこいキャッチのお兄さんから声をかけられなくなり、ティッシュ配りのお姉さんにもスルーされる（のは寂しいが）。

「強み」なんて自分にはない、だから自信がないんだ、という人もいるだろう。**別に実際に強みがなくてもかまわない。「俺は過去の俺に勝っている！」というだけで十分自信になるじゃないか**。

自信とは、誰かと比べて能力が秀でているから生まれるものではない。「根拠のない自信」を胸に抱き、筋トレに精を出せば、いずれそれは本物の自信に変わるのだ。

42

コミュ障が発動してしまってつらい

筋肉は会話をスムーズにする潤滑油だ

もともと持っているコミュニケーション能力が、筋トレによって大幅に変わるなんていう都合のいい話はない。

僕自身、決してコミュ力が高いほうではないだろう。

リアルでのコミュ力が高くないから、ＳＮＳで自己表現するのが好きなのかもしれない。

でも、メイドの格好をして道行く人に声をかけたりして動画を撮っているときは、コミュニケーションで問題を感じることはない。

なぜ羞恥心を克服できるのかというと、やはり筋肉のおかげだ。僕がガリガリのモヤシ男で同じような動画を撮っていたら、ただの痛い人になっていたはずだ(今も十分痛いとは言わないで)。

筋肉があれば、相手が勝手に「なにあのデカい人スゴい！」と興味を持ってくれる。

筋肉があれば、多少君が挙動不審になったとしても、相手が勝手に「お腹が減ってるのかな？ 筋トレしたいのかな？」と解釈してくれて、君のことを気遣ってくれるのだ。

筋肉があれば、自分にコミュニケーション能力がなくても、筋肉に魅了されて勝手に人が集まってきて、友達や仲間がどんどん増えていく。

つまり、君に足りないのはコミュニケーション能力ではない。筋肉なのだ！

だからコミュ障たちよ、ジムへ行け。

43 友達がいなくてつらい

ジム仲間がいればいいじゃないか

大人になると、新しい友達はできにくいものだ。趣味もなく、会社と自宅を往復するだけの人ならなおさらである。非社交的な人なら、さらになおさらである。

そんな人こそ、ジムに行こう！

ジムに行けば、老若男女が筋トレで汗を流している。大会を目指しているマッチョもいれば、引き締まったボディになりたい女性もいれば、健康づくりのために通っているビジネスパーソンもいる。

さまざまな職種、さまざまな年代の人たちが、「カラダを鍛える」という共通の目的のために集まる場所、それがジムなのだ。

そこには必ず、君と同じ目的を持つ友達候補がいるはずだ。

僕にとって、ジムで出会った仲間というのは、苦楽をともに過ごす最高の仲間だ。結束力は非常に強く、普段からキツいトレーニングを同じ空間でやり、苦しいダイエット中も毎日のようにジムで顔を合わせて励まし合う。ボディビルの大会が終わった後は、お疲れ様会でおいしいお酒を酌み交わす。

大人になってから、学生時代の部活の仲間のような関係性を築けるのが「ジム仲間」なのである。ジム仲間の存在が心の中にあると、会わない時間でも、「あいつ今頃仕事頑張っているだろうな。俺も頑張ろう！」という前向きな気持ちにもなれる。

筋トレを頑張れば、きっとそんな人に出会えるよ！

見た目にコンプレックスがあってつらい

筋トレすればギャルにモテる

毎年海に行くと、ギャルからめちゃくちゃ声をかけられる。もし僕がノンケ（異性愛者）なら、入れ食い状態のレベルだ。ギャルがよく海に行くのは、筋肉が好きだからじゃないか。そんな偏見を抱いてしまう。

ギャル以外では、オタク気質の女性にマッチョは比較的モテやすい。「頼りがいがありそう」「守ってくれそう」みたいなイメージを持たれやすいのだ。

もし君が見た目にコンプレックスがあり、それが理由で女性にモテないと考えるならば、筋トレでカッコいいカラダを手に入れればいい。ガリガリだったりブヨブヨだったりするよりは、筋肉質のカラダのほうが好感を与えるのは確実だろう。

筋トレをすれば、顔つきまで凛々しくなる。自分の姿を頻繁に鏡で見るから、身だしなみにも気を遣う。筋トレをする人は、髪の毛も爪もきれいに整えているものだ。

もちろん、筋トレしたからってイケメンになれるわけではない。

どうしても自分の顔がイヤなら整形を視野に入れよう。整形は一般的に不自然なことととされているけど、モテたいのは人間の本能なのだから、決して悪ではないと思う。

ちなみに僕は新宿二丁目でめちゃくちゃモテている。僕はそれまで女の子と一度も手をつないだことがなかったけど、二丁目に行ったらすぐに男と手をつなげた。すべて筋肉のおかげなのだ。

45

好きな人に異性として見られなくてつらい

テストステロン全開で異性を惹きつけろ

異性として見られないのは、君が男性としての魅力に乏しいからだ。男性としての魅力ってなんだろうか？　男らしいカラダつき、男らしい立ち居振る舞い、男らしい余裕、といったものが考えられる。

ジェンダー平等の時代に、こんなことを言っていると怒られそうだが、**本能に**

正直になれば、「男らしい部分」に女性は惹かれると言っても過言ではないだろう。

男らしさをつくるもの。それこそ男性ホルモンのテストステロンだ。筋トレするとドバドバ分泌される、あれだ。

テストステロンのおかげかどうかわからないが、僕は最近、立ち姿や歩き方まで変わってきたと感じている。

存在しているだけで、余裕のあるオーラがにじみ出て、女性を磁石のように惹きつけている感覚がある。実際、女性がどんどん近寄ってくるんだ。**僕は女性が恋愛対象ではないので、できれば可愛い男の子を引き寄せたいのだが……**。

「モテる」という現象は、見た目や学歴や仕事などのスペックが高ければ起きるわけではない。実際、ブサイクなのに、やたらとモテる人もいる。

その理由を考えてみると、そういった人は、本能的な部分で異性を惹きつけるフェロモンを放っているのだ。

やはり、モテる鍵はテストステロンだ。筋トレでテストステロン全開にすれば、好きな異性をメロメロにするのも夢じゃない！

46

服のセンスがなさすぎてつらい

筋肉こそ最強のファッションである

服のセンスで悩むなら、筋トレこそ最高のソリューションである。そもそも筋肉そのものがファッションだ。だから、その上に着るものなどは、ジーンズに白Tシャツだけでいい。ユニクロかGUか無印で十分だ。なんなら、柄物ではなく無地のTシャツのほうが、筋肉が映える。

ピチピチすぎるサイズ感の服は、筋肉アピールが過剰になるので避けたい。痛い人に見える。精神的に未熟な筋トレ1年生がやってしまいがちだ。

筋肉は見せつけるものではなく、想像をかき立てるもの。

だから、ちょうどいいサイズがいい。腕まわりなどがキモチ加圧されて血管が浮き出ると、ちょうどいいエロスが醸し出され、道ゆく人が思わず唾を飲み込んでしまうだろう。「あの人、脱いだらどんなカラダなんだろう」と想像しだしたら、もう他のことは考えられなくなる。

僕はオーバーサイズ気味の服を好んでいる。

僕くらいの筋肉になると、通常サイズの服を着ると、街中で振り向かれすぎてしまう。だから反対に筋肉を隠すような服が多い。

すると、ただでさえデカいカラダがさらにデカく見えて、さらに異彩を放つ。「ヤバイやつ来た、あいつはヤバイ」となり、僕の周りから人が離れていき、モーゼがエジプトを脱出したときのように海がパッカーンと割れるようにして道ができる。**電車でも、誰もとなりに座ってくれない**。

筋肉があれば服代も少なくて済む。やっぱり筋肉は最強すぎる。

失恋してつらい

その悲しみと嫉妬を筋トレでぶちのめせ

失恋つらいよね。僕も最愛の人から振られた経験がある。

でもね、**失恋で湧き上がる悲しみや恋人を奪った相手への嫉妬心なんかも、筋トレをしていれば、かなり和らぐんだ。**

筋トレをしていない人からしたら、「また脳筋野郎がテキトーなこと言ってやがるよ」と思うかもしれない。そんなふうにゴタゴタ言うヤツは1回ひっぱたいて、パワーラック（バーベルを置けるラック）にぶち込んでスクワットをやらせたいものだ。

何度も言っているけど、筋トレで筋肉に刺激を与えると、ドーパミンやアドレナリン、エンドルフィンやセロトニンなど、気分を高揚させる脳内物質が大量に分泌される。だから、失恋で気分が落ちているとき、筋トレは非常に有効なんだ。

筋トレ前は「なんで俺じゃなくてあんなヤツを選んだんだよ……俺じゃない誰かとイチャイチャしているところを想像するだけで、もういてもたってもいられない。悔しい！」という気持ちでも、筋トレ後は「元恋人も、奪い取ったヤツも、全員まとめて抱いてやる！」という、アグレッシブな気持ちに変わるだろう。結果、リフレッシュして新たな恋に向かって歩み進めることができるわけだ。

だから失恋してどうしようもないときは、気晴らしのつもりで筋トレをしてみよう。

ジムは無料の、メンタルドクターなのだから（月会費は支払い済なので実質無料）。

48

同性を好きになりつらい

告白してもしなくても、どちらも正解だ

同性愛者であることは、価値だ。だから同性を好きになることは何も問題ない。相手も君に興味があれば、恋人同士になれる可能性もある。異性を好きになることと、何ひとつ変わらない。

周囲の目が気になることもあるだろう。僕のように気軽にカミングアウトできない人がいるのもわかっている。相手がノンケ（異性愛者）だとわかっている場合は、普通は告白しないものだから、苦しいと思うこともあるだろう。

そんなときは、まずは筋トレすべきだ。**筋トレで限界まで、死にそうになるくらいまで追い込んで、それでも彼のことが好きで思いを伝えたければ伝えよう。**

好きな人がいる、気になる人がいる。その気持ちが本当かを確かめるには、会う前にマスターベーション（自慰行為）をするのも手。その後でも「会いたい」と思えたら、本当の愛だと言えるんじゃないかと僕は思う。

同性愛者だということを隠すことでストレスや生きづらさを感じるなら言ったほうがいいし、言いたくないなら無理して言わなくていい。親へのカミングアウトも同じだと思う。

確実なのは、同性を好きになるのは、ダメなことじゃないということ。同性愛者＝不幸じゃない。

僕は今、最高に幸せ。**君はどうしたいのか、心の奥の本音に耳を澄ませてみよう**。君のしたいことが、正解だ。

リア充に嫉妬してつらい

リア充よりもリアデルトを充実させろ

リアデルト（三角筋後部＝肩の後ろの筋肉）を充実させると、肩の存在感が増して、カッコいい体つきになる。前後左右から見ても完璧な、上半身の立体感を強調するのに重要な部位がリアデルトだ。

リアデルトは、懸垂（チンニング）やダンベルを使ったラテラルレイズ、リアデルトローほか、バーベルやチューブ、さまざまなマシンを使って鍛えることができる。リア充になりたければ、ぜひ実践してほしい。

……そういうことじゃない？　わかっとるわ、ボケ！

リア充ってのはあれですよね、美人の恋人がいて一緒に楽しそうに写真を撮っていたり、原宿でパンケーキを食べてそれをSNSでアピールしたり、高級車を乗り回していたり、ホテルでアフタヌーンティーを嗜(たしな)んだりしがちな、あのリア充ですよね。

いや、リア充になれなくても、リアデルトが充実している本物の「リア充」になってしまえ、という話で。リアデルトが充実した本物の「リア充」になれば、リアルが充実しているリア充も嫉妬するぞ、という話で。自分でも何言ってるかよくわからんけど。

つまり、筋トレを始めたら、リア充なんてどうでもよくなるのだ。

筋トレする人は筋肉のことしか興味がない。だから、**リア充がどこで何を誰としているかなんてどうでもよくなる**。

それって実は、幸せなことだったりするのだ。

Column

異性を口説くにはどうしたらいい？

一番やっちゃいけないのは長文メッセージ

それを僕に聞くか？　という話なんですが。

ぶっちゃけ恋愛なんてほぼ顔で決まっちゃうからね。そこは筋肉じゃないんかい！　と思うかもだけど、好きな容姿じゃないと、中身を知ろうとは思えないからだ。**イケメンはマッチョになれるけど、マッチョはイケメンにはなれない。**

ただ最近は出会い系アプリで出会うことも多いから、相手にメッセージを送る際の注意事項はアドバイスできる。僕の失敗談から。

まず、長文は一番やっちゃいけない。気になる子がいるとつい長文を送りたくなるが、相手からすると重すぎ。気楽に連絡を取りあえる仲ではなくなり、人によってはキモイと思われる。

次に、相手の返事を急かせるようなメッセージもNG。相手のテンポを崩してまでメッセージを送り続けると不快に思われる。こちらに興味があるなら、すぐに返事は返ってくるもの。返ってこない時点で、脈はないと解釈すべき。

一発で相手の気持ちがわかるのは、食事や遊びの誘いを断られるとき。「また連絡します!」「予定があります!」「身内に不幸があって」とかいう決まり文句が送られてきたら、その時点であきらめよう。だって相手が自分に興味を持っているなら、「その日はダメなので、この日はどうですか?」と聞いてくるものだ。

最初は1人に集中しないほうがいい。**断られたとき落ち込むから、まずは複数人にアプローチしよう。**

マッチョで誠実な、チャラ男になろう。

筋トレ図鑑 5

懸垂（チンニング）

鉄棒を肩幅より広めの両手でつかみ、ぶら下がる。
胸を張って、アゴが鉄棒の高さにくるまで体を引き上げる。
最初のうちは、反動を使ってやっても大丈夫。
ジャンプしてイラスト右の状態になってから、
腕をゆっくり伸ばしていくやり方もある。

第 5 章

筋トレで「健康」を取り戻す

50

風邪を引きやすくてつらい

筋トレで四季を「夏夏夏冬」にしろ

マッチョに、春夏秋冬はない。マッチョは「夏夏夏冬」の1年を過ごしている。というのも、マッチョは筋肉量が多いため、寒さへの耐性が異常に強いのだ。みんなが涼しいと言っている春や秋でも、マッチョの体感温度は暑い。真冬でも寒さに凍えることはない。

筋肉量が多いと、基礎代謝が上がる。基礎代謝が上がると、生み出される熱量が増えるため、カラダが冷えにくくなる。

その結果、免疫力が高まり、風邪など感染症にかかりにくい効果が期待できる。実際、僕は筋トレを始めてから、大きく体調を崩すことは少なくなった。

免疫力はさまざまな病気をブロックするのに大切な力。それが筋トレで高まるのである。

また、基礎代謝が高いと、血行を促進したり脂肪を燃焼したりする働きが活発になる。太りにくくやせやすい体質になるので、ダイエットしたい人にもってこいの運動だ。

寒さが苦手で風邪を引きがちな人は、ぜひ筋トレをして基礎代謝を上げていこう。

1つ問題は、筋肉がありすぎると、夏は地獄だということ。暑くて生きづらくて仕方がない。服は常にビチョビチョだ。これを喜べる人が、真のマッチョだといえる。

筋トレで血流とリンパの流れを良くしろ

むくみに関しても、筋トレは高い効果を発揮する。筋肉量が少ないと、血流やリンパの流れが悪くなり、老廃物や水分がたまってむくんでしまうのだ。

筋肉は、体内の液体をスムーズに循環させるのに欠かせない役割を果たしているのである。

心臓の収縮によって送り出された血液は動脈の中を流れていく。全身の細胞に栄養や酸素を送り届けた後、今度は静脈を通って心臓に戻っていくのだが、**このとき筋肉が収縮したり弛緩したりし、ポンプのような役割を果たして血液を進めているのだ**。また、血管に沿って流れているリンパ液においても、筋肉の収縮や弛緩がなければスムーズに流れない。

静脈を流れる血液やリンパ液の中には、カラダの老廃物がたまっているため、これらがスムーズに流れないと、むくみが生じてしまうのである。筋トレを侮っていると、カラダに老廃物がたまりまくってしまうのである！

かといって、半身浴やサウナで無理やり水分を抜くのは危険。水を飲まないのは、もってのほかである。

だから筋トレしよう。**脚、お尻、背中などの大きな筋肉を鍛えるのが効果的。血流やリンパの流れを促進するだろう**。

トレーニングの際は、こまめな水分補給も忘れずに。水分を取り込んでどんどんカラダの中に循環させよう。そうすれば、むくみ知らずの健康的なカラダに変化していく！

52

便秘がちでつらい

腹筋を鍛えれば腸は動き出す

僕の場合、ダイエットをしないオフシーズンは便秘とは無縁なのだが、ダイエット中は便秘気味（コロコロした便）になることがある。食事制限によるストレスや栄養素の不足が便秘の原因だと考えている。

次の便秘解消法は、僕が体感としてうまくいっている方法だ。個人差はあるだろうが、参考にしてみてほしい。

①水をたくさん飲む（便を柔らかくする。冷たい水を飲んで自律神経を活発化し、腸の動きを促す）

②食物繊維を食べる（繊維質は腸で溶けてゼリー状になる。それが他の食べ物を巻き込み便となって出てくる。僕はキャベツやブロッコリーをよく食べる）

③サバ缶や卵を食べる（良質な油が腸粘膜を刺激して、腸の蠕動運動を活発にしてくれる。脂肪燃焼、メンタル安定にも効果的）

④腹筋を鍛える（便秘の原因の1つは、腹筋の筋力が弱まり、便を押し出す力が弱くなっていること。**腹筋を鍛えるだけで、お腹の中の臓器が刺激され、腸の動きも良くなる**。実際、僕も腹筋を鍛えた後にトイレで便が出るということが何度もある）

これらに加えて、トイレで用を足す際は、足の下に台を置いて、座ったときにひざの位置を高くするとわりと排便しやすい。**和式トイレ・スタイルこそが、最強の排便姿勢なのだ**。

便秘に悩んでいる人は、試してみて。

持病を抱えていてつらい

筋トレで病気への受容力を鍛えろ

2021年、ボディビルコンテストの1週間前に、僕はギランバレー症候群という病気を発症して、手足が動かなくなり、緊急入院をした。

前日までは元気だったのに、朝全然力が入らず、ジムに行ってもすぐにヘロヘロに。階段ではひざが抜けて手をついてしまう有様。仕方なく救急車を呼んだ。

医者からは「1～2割の確率で後遺症が残る」と告げられ、「来週の大会に出れますか？」と聞くと、「それどころではありません」と真顔で返された。この瞬間、半年にわたるトレーニングと減量生活が強制終了され、闘病生活に入った。

頭が真っ白になり、思わず涙があふれてきた。なぜ自分がこんな目に……。

だけど僕は、すぐにリセットした。**この苦境すら価値のある経験だと、前向きに捉えた。**だから入院生活すら思い切り楽しもうと思った。

そのおかげかわからないけど、想定より大幅に早く回復して、退院できた。今に至るまで後遺症も一切ない。むしろ、以前より強くデカくなっている！

もちろん、気の持ちようですべての病気が改善に向かうとは言えない。**だけど、いつまでも落ち込んでいるより、病気という事実を受け入れ、その経験を楽しむくらいの気持ちでいたほうが、必ず人生は良い方向に向かう。**

どんな境遇でもネガティブな思考はやめたほうがいい。筋トレがそのことを教えてくれる。

どんな苦しいことでも、乗り越えてしまえば全部ネタ。友達や慕ってくれる人とのお酒の席で場を盛り上げる、酒のつまみにしてしまおう。

肩こりがつらい

肩トレすればコリなんて一発で解消

オッス！　オラ、肩こり知らずの芳賀セブン！

ぶっちゃけた話、人生で一度も肩こりになったことがないので、「肩こりって何？」って感じなのだが、それも筋トレのおかげなんだろうね。

肩こりの多くは、血流が滞るのが原因だと言われている。だから、肩まわりの筋肉を動かして、血流を良くすれば、肩こりと無縁の生活を送れるってわけ。

自宅でするなら、ダンベルもしくは水の入った500㎖〜1ℓペットボトルを両手にそれぞれ持って、横や前に振り上げたり、上に持ち上げたりする筋トレをすれば十分。それだけで、肩のつらさは楽になると思うよ。

肩こりと同じように腰痛に悩んでいる人も多い。腰痛にもいろいろなパターンがある。筋肉が弱くてカラダを支えきれず神経が刺激されて腰痛になる人、腰の筋肉がガチガチで血流が滞ってなる人など。こういう心配のある人は、筋トレで体幹を鍛えれば、腰痛予防になる。

今まさに腰痛の人でも、腹筋を鍛えると、腰の筋肉が引っ張られて痛みが緩和した、という話を聞いたことがある。無理は禁物だけど、痛みの具合と相談しながら、試す価値はあるだろう。

肩こりにしろ腰痛にしろ、カラダを動かさないことが症状を悪化させる大きな原因。軽い筋トレからでいいから、生活習慣に取り入れてみて。

筋肉を使うからこるのではない。筋肉を動かしてないから、こるんです。

筋トレすればマイナス10歳までいける

筋トレにはアンチエイジング効果があるという。成長ホルモンが分泌されるからだ。

もともと成長ホルモンは、子どもの頃に盛んに分泌され、骨や筋肉などを発達させてくれるもの。大人になってからも分泌されるのだけど、加齢と共に減少していき、40代になると思春期の半分程度、60代になると20パーセントくらいまで減少するらしい。ただし、これは何も運動をしなかった場合。

大人になってからでも筋トレをすれば成長ホルモンが増える。さすがに身長を伸ばしてはくれないけど、筋肉を増やして引き締まったカラダを維持してくれたり、皮膚の再生や毛髪の生え変わりを促進してくれたりする。

つまり成長ホルモンは、老化の進行を遅らせてくれる、若返りホルモンというわけだ。**アイドルがよく「永遠の18歳です」と言うが、筋トレはそれを実現させてくれる唯一の手段だと思う**。

トレーニングに熱中している人は、実年齢より若く見える人がとても多い。何かに熱中していると、時間が早く過ぎる。実際は3時間経っているのに、1時間くらいしか過ぎていないように感じることも。

つまり、何かに熱中している人は、脳が認識している時間が短いから、老化するのも遅いのだ。

いつまでも若々しく健康であるために、今すぐ筋トレを始めよう。マイナス10歳は夢じゃない!

中年から筋トレしても間に合う?

筋トレを始めるのに遅すぎることはない

あなたが50代だろうと70代だろうと、筋トレを始めるのに遅すぎるということはない。いつからでもトレーニングを始めていい。トレーニングを始めるのは早いに越したことはないが、過去のことを悔やんでも仕方がない。今からでも始めれば、現状より確実に君の健康状態は良くなる。

僕も、父や母には何度も筋トレをするように勧めてきた。父はなかなか重い腰が上がらないが、母はジムに通うようになった。

僕のようなマッチョを目指すのが筋トレのすべてではない。特に中年以降の方は、筋トレをするかしないかは健康寿命にダイレクトに関わってくる。

なぜなら、今のうちから筋肉をつけておかないと、高齢者になったとき寝たきりになってしまう危険性があるからだ。医学の世界では、サルコペニア（高齢になり筋肉が減少していく状態）が進んでいる人ほど寿命が短くなるという研究もある。

だからこそ、まだ動ける今のうちに、筋肉量を増やしておくことが、健康に長生きするためには欠かせないのである。

筋トレは積立投資に似ている。今のうちからコツコツと「筋肉投資」をしておけば、将来サルコペニアになる危険性が減り、生き生きと晩年を過ごすことができるのだ。

気づいたときから（つまり今日から！）、筋肉投資を始めよう。

筋トレで身長が伸びないのでは？

くだらない「筋トレ都市伝説」を信じるな

いつから「筋トレすると身長が伸びない」という都市伝説が広まったのだろうか？

僕は小学生のときから自重トレーニング（腕立て伏せなど器具を使わない筋トレ）を始め、中学卒業時には身長は178センチあった。父親も母親も身長は高くはないから、遺伝で大きくなったわけじゃない。

筋トレすると背が伸びないという都市伝説は、ボディビルダーに低身長の人が多いから生まれたのだろう。

なぜ活躍しているボディビルダーに低身長の人が多いかというと、背が小さいほうが筋肉がギュウギュウに詰まっているように見えるからだ。つまり、競技として低身長のほうが有利のため、活躍して目立っている人にも低身長が多いというわけ。

体操選手にも同じことが言える。ボディビルや体操をしたから低身長になったわけじゃない。

反対にバレーボールやバスケットボールは、高身長のほうが有利だから高身長の選手が目立つ。

バレーやバスケをしたから背が大きくなったのではない。**活躍する選手がメディアに出るから、皆勘違いしているだけの話**。

ただし、成長期における過度な負荷での筋トレは、子どもに怪我をさせてしまう危険性もある。成長の具合を見て少しずつ行うのが無難だろう。

58

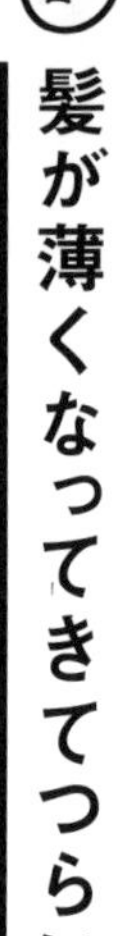

髪が薄くなってきてつらい

ハゲマッチョの日焼けは最高にカッコいい

薄毛と筋トレの因果関係も、都市伝説の1つだ。筋トレで薄毛になると証明した医学的根拠はどこにも存在しない。

髪の生育を妨げる男性ホルモンはDHT（ジヒドロテストステロン）である。**DHTとテストステロンを混同した人が、筋トレによってハゲると煽（あお）っているだ**

けなのだ。

筋トレはむしろ髪にいい。筋トレすれば、血流がアップして毛根に栄養を届けやすくなり、髪の成長を妨げる老廃物がたまるのを防いでくれる。

また、筋トレで分泌する成長ホルモンには、タンパク質を合成する作用がある。髪の毛の主成分の「ケラチン」と呼ばれるタンパク質も、成長ホルモンによってその合成が促進されるのだ。

さらに、筋トレによってメンタルが安定すれば、ストレスの軽減が期待できる。ストレスは髪の成長に悪影響を与えるので、この点からも筋トレは薄毛対策に効果的なのである。

つまり、ハゲは筋トレのせいじゃないってわけだ！　筋トレ後にきちんと頭皮を洗っておけば何も問題ない！　心配するな。

とはいえ、加齢によってハゲる人はハゲる。筋トレしようがしまいがハゲる。それは仕方がない。

ハゲたらスキンヘッドにして日焼けすればいいじゃん。カラダがムキムキなら、それでめちゃくちゃカッコいいよ！　スキンヘッド＋筋肉＋色黒は最強なのだ。

性欲が弱くなってしまいつらい

スクワットで大腿四頭筋を鍛えれば元気だ

性欲が弱い？　それは大問題だ！

性欲の有無は、健康状態を測るバロメーターである。

性欲がない＝テストステロンが不足＝意欲もやる気もない＝仕事にも行きたくない＝生きていても苦しい＝死にたい、という公式が成り立ちかねない。だから、

性欲のなさを侮ってはいけない。

男性の場合、中高年に差しかかると、テストステロン量が低下し、「男性更年期」になる人も少なくない。男性更年期の症状として、性欲の低下や意欲の低下が挙げられる。

だから性欲が減ったなと感じたら、迷わず筋トレを始めたほうがいい。テストステロンを増やすためだ。特にオススメは、スクワットなど下半身のトレーニング。スクワットをすると、大腿四頭筋（太腿の表側）や股関節まわりの筋肉を鍛えることができる。脚トレで成長ホルモンが大量分泌されて睡眠が深くなるせいか、**僕の場合、スクワットをした翌朝は、「朝勃ち」が凄まじく、1日を通して性欲が半端ない。**

そんな僕も、減量中は多少性欲が落ちる。脂質を制限しているのが原因だ。性欲を維持するには食生活も大切なので、減量しない人は適度に脂質も摂取しよう。超オススメな食べ物は卵だ。僕はいつも7個食べているが、ヤバいくらいに性欲が高まる。亜鉛も性欲増進に効果的なのでサプリで摂取してもいいだろう。

スクワットと食生活改善！　これでバキバキになる！

60

肌が汚くてつらい

筋トレでプリプリ美肌を手に入れろ

最近は、美肌を目指して美容や保湿に余念がない「コスメ系男子」が増えているね。

僕は、ナチュラルメイクしている感じの、髪長めで細身の可愛い男子が好き。

君がもしそうなら、連絡先を交換させてほしいな。

美容に気を遣っている子は、コスメなどでカラダの外側からアプローチしたり、オーガニック食品などでカラダの内側からきれいになろうとする。

それはそれでいいのだけど、「美容の土台は筋トレで築かれる」ってことも、ぜひ覚えてほしい。ここまで伝えてきたように、筋トレすると、「成長ホルモンが増える」「血流やリンパの流れが良くなる」「睡眠の質が上がる」「ストレス解消につながる」といった効果がある。

成長ホルモンが増えれば肌の新陳代謝が促進されるし、血流やリンパの流れが良くなれば肌に老廃物がたまりにくくなる。

睡眠の質が向上してストレスが解消されれば、自律神経のバランスも整って、血色のいいプリプリ美肌が手に入るはずだ。

肌が汚いと悩んでいる人は、コスメや食品に頼る前に、まずは筋トレして体質を改善していこう。実際僕も「肌キレイだね。何かやってるの？」と聞かれることが多い。

もし君がナチュラルメイクしている感じの可愛い男子（山田涼介君や大西流星君みたいな）なら、僕と一緒に筋トレしよう！

Column

YouTuberとして活躍するには？

成功するまでやめない「継続お化け」になれ

YouTubeを始めても、チャンネル登録や再生数が増えないと、ほとんどの人はやめてしまう。だから大前提として、やめないで継続することが大切。「継続お化け」と呼ばれるくらいに。

僕の動画も最初からバズッたわけじゃない。試行錯誤しながらやり続けて、ようやく花が咲いた。**メイドキャラの動画も、はじめの頃は全然ダメだったけど、やり続けたらうまくいった。**

僕の場合は、「ゴミ袋先輩」の存在も大きい。ゴミ袋先輩は高校の柔道部の先輩で今はビジネスパートナー。僕のマネジメントと、プロデューサー的な役割を果たしてくれている。

自分1人きりだと、動画の内容に迷うことや、撮影が面倒になってしまうこともある。けれど、パートナーがいるおかげでなんとか今までやってこれている。

信頼できるパートナーと一緒にやるのも成功する秘訣の1つだね。遅刻して怒られてばかりだけど(笑)。

あと、やり続けるにしても、いろいろな内容の動画にチャレンジすることも大切じゃないかな。1テーマで継続し、いつまで経ってもハネないなら、別のジャンルにチャレンジするのがいい。

いろいろなことに手を出して、「これはいける!」というのが1つでも見つかれば、それまでの失敗はすべて成功に変わるから。

SNSも、3つ以上同時並行して動かしたほうがいい。

僕の場合、YouTube、X（旧Twitter）、TikTok、Instagram、noteの5つを同時並行で運用している。欲張りすぎているように思うかもしれないが、そこには狙いがある。

複数のSNSを同時に動かしていると、リスクヘッジができるからだ。それぞれSNSごとに特徴が全然違うから、同じような投稿でも、反響が本当に違う。たとえば、「X（Twitter）は無風だったけど、YouTubeは伸びた」「TikTokはダメだったけど、Instagramではバズった」ということがよくある。

全部がうまくいくわけがない。

だから、どこか1つでも成果が出ていればいい。

それが安心材料になればこそ、メンタルを保つこともできるし、もっと攻めたことができるというものだ。

もしYouTubeだけしか投稿していなければ、YouTubeのアルゴリズムによってダメなときはダメなまま。成果が上がらなければ、やる気もなくなってしまう。

僕らは「継続しよう！」と頑張るというよりは、継続できる仕組みづくりのほうに時間をかけることを意識して、6年間配信を続けてきた。

どんな分野でも、やめずに続けていればそれなりに成果が出てくるもの。

君が今までに続けてきたことは、何だろうか？

ビジネスパーソンなら、今の仕事で得たスキルを基に、そのスキルを活かせる副業をやってみてもいいかもしれない。

プライベートでも、継続できる何かがあればあるほど、どんどん幸福度は上がっていく。家族や親戚と仲良くし続けることでもいい。いやあ、素晴らしいじゃないか。

始めること、続けること。この2つだけ意識してみると、より人生が楽しくなるんじゃないかと思う。

もちろん、君が筋トレを死ぬまで続けてくれることを、僕は1ミリも疑っていない。

もし何か困ったらいつでもDMくださいｗ

筋トレ図鑑 6

ベンチプレス（BIG3）

バーベルが目線にくる位置で、仰向けになる。
バーベルを肩幅より外側で握る。ラックからバーベルを外し、
胸に下ろす。一気にバーベルを持ち上げて1秒ほどキープする。
ゆっくりと胸に戻す。これを繰り返す。
つぶれても大丈夫なように必ずセーフティーバーをセットしよう。

第 6 章

筋トレで「貧弱なカラダ」を変える

61

ねこ背で情けない見た目をしている

筋肉は美姿勢の矯正ギプスだ

ねこ背になっていると、周りから自信がない人に思われるし、肩こりや腰痛などカラダに不調をきたす一因になる。一度クセになってしまうと、背筋を伸ばした姿勢をとることが苦痛になり、なかなか治らないと悩む人が少なくないようだ。

ねこ背の原因はいくつか考えられるが、特に大人になってからねこ背が進行した人は「腹筋」と「背筋」が弱っていることが考えられる。

ねこ背は、腹筋や背筋が利用されにくい姿勢、言い換えれば筋肉がラクをしている姿勢だ。筋肉がラクをしていると、ますます筋肉は衰え、正しい姿勢をとることがより難しくなってしまうのだ。

筋トレによって腹筋や背筋を鍛えれば、正しい姿勢を維持するための筋力を取り戻せ、結果ねこ背の改善を期待できる。

まずは、腕立て伏せ（体幹も鍛えられる）や、腹筋ローラー、クランチ（仰向けでひざを曲げたまま足を上げ、上体を起こす）などの自重トレーニングから始めてみよう。その後、ジムでマシンを利用した高負荷トレーニングに移行すれば、強靭（きょうじん）な筋肉が自分のカラダを支えてくれ、背筋が伸びた「美しい姿勢」を無理なく維持することができる。

ボディビルダーなどのマッチョに、ねこ背の人はほとんど見かけない。それは**姿勢を良くしようと努力しているのではなく、「筋肉が勝手に姿勢を良くしてくれる」だけなのだ**。筋肉は美姿勢矯正ギプス！

どうせカラダなんて変わらないでしょ

最初の2〜3年間は筋トレのボーナスタイム

何をわけわからんことを言ってるんだ、君は。今まで僕の話を聞いてきたのか？　**筋トレを始めたら、カラダは面白いくらいに変わっていく**。

特に最初の2〜3年くらいは、努力の方向性さえ間違えなければ、別人のようにカラダが変化する。僕は初めてベンチプレスに触ったときは90キロしか挙がらなかったけど、たった2週間で100キロ挙がるようになった。筋トレ初期は、バルクアップのボーナスタイムなんだ。

本気で「貧弱なカラダ」を変えたいなら、1日10分だけ筋トレをしよう。

それだけでいい。「10分だけ」と聞くとラクそうに思えるが、僕の推奨する10分筋トレはめちゃくちゃつらい。10分という短時間で極限まで追い込むのである。種目は、腕立てでも、腹筋でも、サイドレイズでも、ダンベルカールでも何でもかまわない。重量は軽めでいいので、とにかく10分間、連続してその筋トレを行い続けるのだ。やり方もクソもない。とにかく10分間続ける。

どうしても苦しくなったら5~10秒ほど休んで、また始める。これを繰り返す。途中から何が何だかわからないほど苦しい。

だが、これを分割法により日々種目を変更しながら毎日続けていけば、別人のようなマッチョになれるだろう。11ページの1週間メニューも、ぜひ参考にしてほしい。

ラクして筋肉はデカくならない。けれど、やった分だけ筋肉はデカくなる。だから、筋トレは面白くてやめられないんだ。

細いカラダをデカくしたい

筋トレしてたくさん食えば誰でもデカくなる

何度も言うが、筋トレしてカラダが変わらない人なんていない。デカくなりたければ、とにかく筋トレ。**筋トレすると基礎代謝が爆増し、エネルギーの消費量が増える。お腹が空いて食事量が増える。結果、細いカラダがバルクアップしてムキムキになる。**

ただし、効率よくバルクアップするには食事内容も超重要。意識すべきは以下の5点だ。

①クリーンなものを食べる（加工食品でないもののこと。ジャンクフードは栄養が偏っていて、ボディメイクには不向き。体調面、栄養面からもリアルフードが望ましい）

②タンパク質は固形物で摂取する（プロテインは必要に応じて摂取する。基本は鶏胸肉や鶏卵などの固形物をメインにしたほうが筋肉はデカくなるし、筋トレのパフォーマンスも向上する。これは僕の実感）

③ビタミンを摂取する（摂取したタンパク質を筋肉まで運ぶ役割。サプリでOK。便秘対策として野菜も食べたい）

④酒は適度に（飲みすぎは筋肉合成が弱まるので注意。ただし僕はお酒が大好き。週末は朝まで飲むこともあるが、それはストレスを解消するほうが筋肉の回復にいいと考えているから）

⑤水は無理なく多めに飲む（筋肉の中身はほとんど水分。水分が不足していると、バルクアップできない）

以上を意識して、たくさん食べて筋トレをすれば、マッチョは確定だ。

ダイエットがうまくいかない

食べる物と食べる量を決めればやせる

ダイエットを成功させるには、筋トレでエネルギーを消費しながら、「食べる物」と「食べる量」を決めることが大切だ。

ローファットダイエットが一番続けやすい。タンパク質は多く、炭水化物はほどほどに、脂質は少しだけ。これが基本。

その上で、**ダイエット中は何を食べるのか食材を決めてしまうのがいい**。

タンパク質は、鶏胸肉、マグロ、サーモン、牛肉、卵白、カツオ、タラがオススメ。1日のタンパク質量は、自分の除脂肪体重（体重－体重×体脂肪率）の数字に2倍をかけたグラム数が目安だ（除脂肪体重がわからなければ、体重×2でもOK。鶏胸肉100グラムにタンパク質は約22グラム含有）。

脂質は意識的に摂取しない。ジャンクフードや加工品を避ければ、脂質の摂取量を大幅に減らすことができる。

炭水化物は、白米、玄米、オートミール、サツマイモ、パスタなどがオススメ。脂質の高いソースなどはかけないように。

「食べる物」はこれらと決めた上で、総カロリーは1日2000キロカロリーを上限とする（体重70キロの人の場合）。これをひたすら守れば、特別努力しなくても体重は減っていくだろう。

同じ物ばかり食べるのがつらい人は、週に1食、チートデイ（何を食べてもいい日）をつくってもいい。僕はそうしている。

この方法でやせない、わけがない。

65

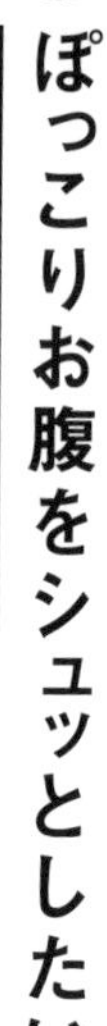

スクワットでぽっこりお腹は最速で凹む

夢を壊すようで申し訳ないが、「部分やせ」はできない。

お腹の中には大切な臓器がたくさん詰まっているのに、お腹は唯一骨で守られていない部位。**だから人間の生態的に、お腹は脂肪が蓄えられやすく落ちにくい**。

だから、ぽっこりお腹を凹ませたいなら、ローファットダイエットで食事を整えて、全体的にやせていくしかない。

腹筋運動がぽっこりお腹に効果的だと思っている人がいるけど、それは幻想。最もお腹をシュッとしてくれる筋トレは、スクワットだ。

スクワットは、筋トレの中でも最も消費カロリーが大きい全身運動だ。だから代謝が爆上がりしてダイエットに高い効果を発揮する。

また、スクワットで鍛える筋肉は、カラダの中でも特に大きな筋肉だ。

そのため成長ホルモンがドバドバ出る。成長ホルモンは脂肪燃焼を促すホルモンでもあるので、この点からもスクワットはダイエット効果抜群の筋トレなのだ。

僕の場合、「あんなにスクワットを頑張ったんだし、その効果が相殺されないように、今日は食べすぎるのをやめておこう」といったように食事制限も頑張れる。

ぽっこりお腹を凹ませたければ、スクワットで汗を流せ！

腹筋を割りたい

誰でも割れているから脂肪を落とせばいい

人類は皆、もともと腹筋が割れている。もし割れていないなら、君は人類じゃない。

割れているように見えないのは、皮下脂肪に隠されて見えないだけなのだ。

だから割れている腹筋を見せたいなら、ダイエットをして皮下脂肪を落とすのが原則。

そのためには前述（179ページ）したようにスクワットが最も有効だろう。腹筋を割りたきゃスクワットしろ、というわけだ。

それに加えて、腹筋ローラーもオススメする。皮下脂肪を落として見えた腹筋がバルクアップしていないと様にならない。腹筋ローラーによって高強度の負荷を腹筋に与えれば、腹筋自体が大きくなり「割れてる感」が倍増するといえる。普通の腹筋運動に比べて腹筋ローラーのほうが高負荷なので、代謝が上がり、脂肪燃焼効果も期待できる。

ちなみに、誰もが6パック（腹筋が6つに割れている状態）になれるわけではない。筋肉のコブの数は人それぞれなので、4パック、8パック、10パックの人もいる。アーノルド・シュワルツェネッガーは4パック、平野紫耀(ひらのしょう)くんは8パック、モハメド・アリは10パックだったそうだ。ちなみに僕は6パック。

自分が何パックかわからない人は、腹筋との出会いを楽しみに、トレーニングを積んでいこう。

肩幅を広くして存在感を出したい

君が鍛えたい部位を存分に鍛えよう

肩幅を広くしたければ、サイドレイズ、ダンベルショルダープレス、懸垂（チンニング）などが有効だ。

最近の筋トレ業界は「肩」を鍛えるのが人気で、肩ばかり鍛えている人も多い。その理由は、フィジークやベストボディといった競技の流行と関連している。これらの競技は、長めのハーフパンツを履いて行われるため、下半身がほとんど隠れる。だから下半身を鍛えない選手が多いのだ。

ボディビルの選手はフィジークの選手を「チキンレッグ」とバカにすることがある。上半身だけデカくて下半身が鳥の脚のようなアンバランスな体型だ、人に見られる筋肉だけ鍛えて、きつい下半身のトレーニングから逃げている根性なしのチキン野郎だ、と。

僕は、「それぞれが自分の好きなように鍛えればいいんじゃないの」というスタンスだ。やりたい部位を鍛える。それがその人にとっての正解なのだから。

筋トレに熱中して肉体改造している人は、多かれ少なかれ自己愛の塊なのだから、自分が満足する肉体が手に入ればそれでいい。僕は自分のハムストリングの太さに惚れ惚れしているので、下半身のトレーニングは絶対外せない。

つーことで、自分がやりたい筋トレを、自分がやりたいようにやればそれでいい。

外野の声に惑わされず、好きにやろう。

68

プリっとしたお尻をつくりたい

胸は遺伝、お尻は努力次第で大きくなる

大きくて美しいプリケツになりたいという女性は多い。

胸は遺伝によってその大きさが決まってしまう。筋トレしたからといって巨乳になれるわけじゃない。

一方、お尻は努力次第でどんどん大きくなる。

Instagramにケツの写真ばかり載せている女性もいるが、これはセクシーアピールというより、日に日にデカくなる自分のプリケツを見て、うれしくて仕方がないのだろう。

お尻を大きくかつプリっとさせるには、スクワットやブルガリアンスクワット、デッドリフトが有効だ。お尻やハムストリング、腰回りの筋肉が鍛えられて、ボリューム感満点の下半身を手に入れることができる。

女性だけでなく男性にとっても、お尻は重要な部位だ。

お尻は生き物としての強さの象徴であり、人が性的な魅力を感じるところでもある。ネットで見る海外の方々の中には男女ともお尻がバカでかい人がいるが、そのセクシーさに圧倒されたことは誰しもあるだろう。

性の奥深さを知れば知るほど、興味の対象は胸からお尻に移行していく。お尻の魅力に気づいていない人は、僕からしたら青臭いガキだ。いつまでもママのおっぱいを吸っていればいい。

尻こそ素晴らしい！　尻を愛している！

尻がでかいことは正義なのだ！

今日の食事はどうしよう

「何度も同じことを言わせんな」とキレて、そのへんに落ちてるダンベルを振り回したくなったが、僕は平和主義者なのでそういう危険行為はしない。**「食べる物」と「食べる量」を決めてしまえば、その日の食事で悩む必要もないからだ。**

僕は基本的に毎日同じものを食べている。減量期の1日のメニューは次のとおり（1日7食）。

1食目：オートミール50グラム、バナナ100グラム、ブルーベリー40グラム、卵白7個、卵黄1個

2食目：白米180グラム、鶏胸肉200グラム

3食目：サツマイモ250グラム、鶏胸肉200グラム

4食目：サツマイモ200グラム、鶏胸肉200グラム

5食目：白米180グラム、鶏胸肉180グラム

6食目：オートミール80グラム、卵白7個、卵黄1個

7食目：プロテイン50グラム

だいたい同じ物しか食べないから、選択肢が限られている。だから悩まない。スティーブ・ジョブズは毎日同じ種類のTシャツを着ていたという。それと同じだ。**無駄なことに悩んで脳疲労を起こせば、ストレスがたまり筋肉にも悪影響を与える**。食事もジョブズ式にして、いちいち食事内容に悩むのをやめよう！

（筋トレガチ勢でない君は、自由に食べたいものを食べてね！）

70

どのプロテインを買えばいいかわからない

安くて大量に買えるプロテインを選べ

極論だが安くて大量に買えるプロテインでいい。今どき品質にこだわっていないメーカーなどないので、お店で売っている商品であればどれでも大丈夫。

僕はボディビルを始めてから、いろいろなプロテインを飲んできた。

お金がなかったときは、とにかく安いプロテインばかり飲んでいた。パッケージに全然力を入れていない、味もプレーン味しかないようなものだ。

プロテインはどうせ飲むのだから、気に入ったものは大量に買ったほうがコスパ良し。1キロで買うよりも、3キロのほうが安いし、5キロや10キロのほうがもっと安い。

全給料をはたいて100キロ分を一度で買ったときもある。**飲み切るのに1年半かかった**。筋トレを頑張りたいけど、お金に余裕がない学生や若い社会人は、大量まとめ買いもオススメである。

忘れがちだけど、摂ったタンパク質を筋肉まで運ぶにはビタミン類は必須。なので、プロテインとマルチビタミンなどのサプリメントを同時に摂取することは、効率よく筋肉をデカくするには理にかなっているといえるね。

ちなみに僕のYouTubeでは、「マイプロテイン」を紹介しているので、ぜひ見てほしい。

お気に入りのプロテインを見つけて、ガンガンバルクアップしていこう！

Column

新宿二丁目で学んだことはある？

二丁目は嘘やストレスがないパラダイスだよ

僕は自分がゲイ（当時はバイ）だとカミングアウトした2017年に、初めて二丁目に行った。そこで僕は、「筋肉はモテる」ことを初めて知った。

正直、僕にとって二丁目はパラダイスだ。二丁目に行けば、楽しくお酒が飲めるし、素敵な男性とも出会える。でも、それだけじゃない。

二丁目にいる人は、誰もが自分に正直に生き、何かの役割を演じることなく生きている。その人たちとの触れ合いが、僕の心もリラックスさせてくれるのだ。

自分を包み隠さず生きている人は、若く見える。年下だと思っていたら年上だったということもよくある。

ストレスを抱えず楽しく生きているからだろう。誰かの悪口や愚痴はほとんど聞いたことがない。筋トレと同じように、二丁目でも僕は、ポジティブ思考が人を幸せにすることを学んだんだ。

二丁目が気になるなら、思い切って行ってみるのがいいよ。優しく楽しく出迎えてくれるから。メディアによってイメージがひねくれちゃってるけど、けっして怖い場所ではないよ。

自分に正直に、自分のありのままをさらけ出して生きることは、人生を明るく生きるコツだと思う。

急がなくていい。君のペースで、君らしく生きていこう。

筋トレ図鑑 7

スクワット（バーベル／BIG3）

肩幅より広く立ってバーベルを持ち、肩にのせる。
胸を張り、つま先と同じ方向にひざを曲げ、
太ももが床と平行になるくらい尻を下げる。
尻を上げて、元の姿勢に戻る。目線は前を見続ける。
カラダが前傾しすぎにないよう注意。

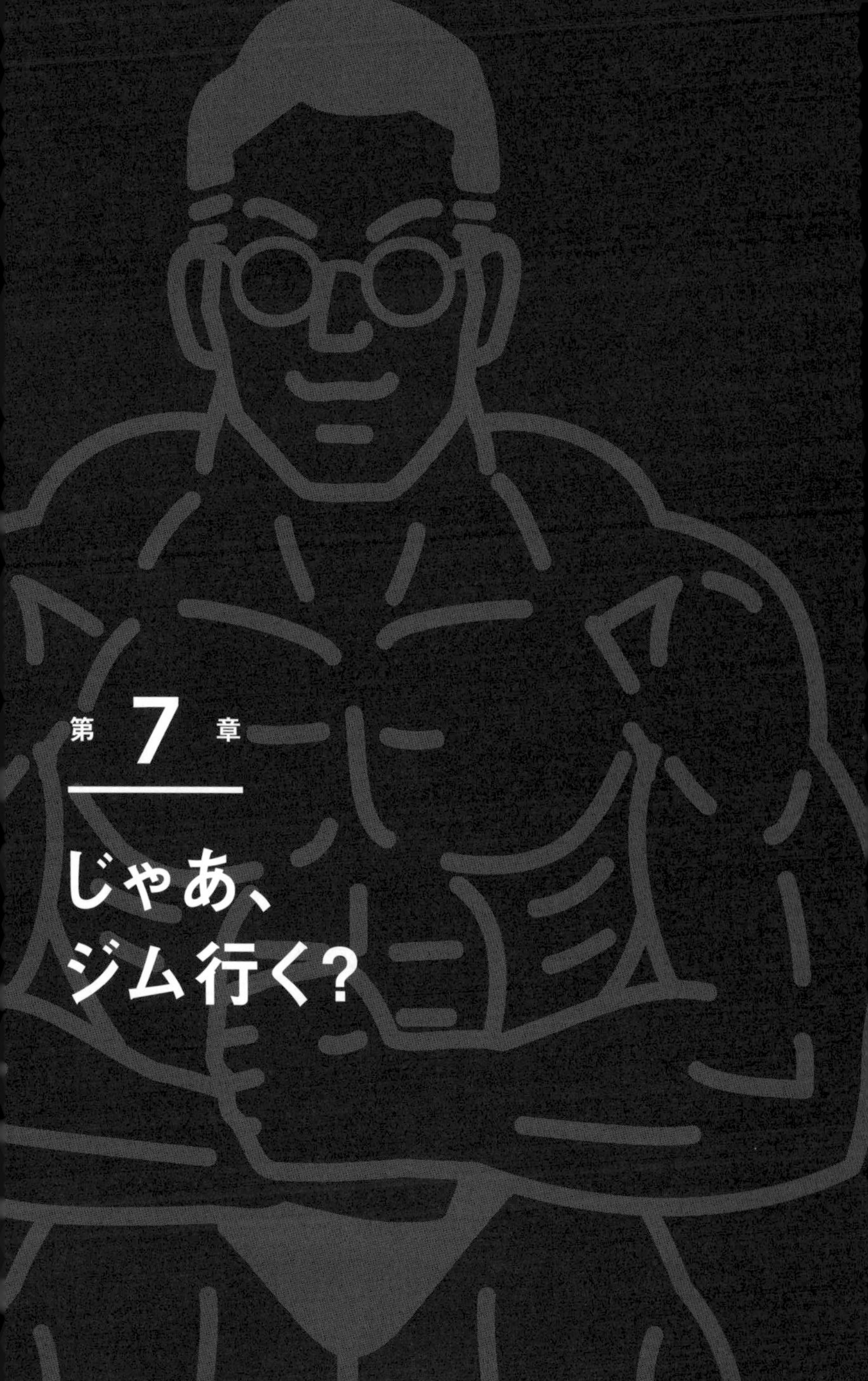

第7章

じゃあ、ジム行く?

71

ジムに行くお金がない

スポーツセンターで高齢者と筋トレしよう

ジムの会費は、高くても月額1万円ほどだ。筋肉のためなら、そのくらいの金額を投資してもいいんじゃない？

僕がジム通いをオススメする一番の理由は、筋トレが継続しやすいからだ。自宅の閉鎖的な空間で1人ぼっちでトレーニングしていると、どうしても「やる気スイッチ」が入りにくい。ダンベルやバーベルを買ったのに、いつのまにか部屋の隅でホコリを被っている、チンニングスタンド（懸垂ができる台）が物干し竿になる、なんてよくある話だ。

ジムに行けば、同じ筋トレ仲間たちが切磋琢磨している。**頑張っているみんなの姿を見れば、「自分もやるぞ！」と気合いが入る。**だから特別やる気がなくても、「ジムに行く」という行為さえ習慣化してしまえば、自然と筋トレ習慣が身につくのだ。

とはいえ、本気でお金がないなら、地域のスポーツセンター（以下、スポセン）のトレーニングルームを利用してみる手もあるだろう。僕の地元では1回300円程度で利用できる。

いきなりジムに行くのは敷居が高いなら、スポセンに行って、ジムの雰囲気を体験してみるのもいいかもね。

スポセンなら、ご高齢のおじいちゃんやおばあちゃんと一緒に汗を流すことができる。それなら始めやすいでしょう！（たまに地元のヤンチャしてそうな高校生や、トレーニングを教えたがるおじいちゃんもいるので要注意）

72

自宅で筋トレするなら何がいい？

「自重トレ」オススメ種目はこれだ

よし、わかった！　これだけ言ってもジムに行きたくない君のために、自宅でできるオススメの筋トレを伝授しよう。

思い起こせば、僕の筋トレデビューも自宅だった。小学4年生から1日20回の腕立てを始めて、中学3年生の冬になったら毎日1000回の腕立てをしていた。

自宅トレーニングでも、僕のように筋トレを愛する人なら継続できるはずだ。

自宅でのトレーニングは、自分の体重を利用した「自重トレ」が基本になる。**種目は、「腕立て伏せ（26ページ）」「ブルガリアンスクワット（118ページ）」「腹筋ローラー（94ページ）」がいい。**ブルガリアンスクワットは、片足だけでスクワットする種目。腹筋ローラーは……説明が面倒だからネットで動画でも見てくれ。

君が引きこもりではなく、公園に行けるなら、公園の鉄棒で懸垂（140ページ）をするのもいいだろう。

「各20回×3セット」というように回数を決めてやってもいいが、時間を決めて限界までやり続けるほうがよりオススメだ。**できた回数を記録して、翌日はそれを超えるのを目標にすれば、どんどん記録更新でき、筋肉はデカくなる。**

自宅トレーニングでは、テンションが上がる音楽や動画を流してやってみよう。

中学生のとき、僕は格闘技番組を見ながら腕立てしていた。今は「なにわ男子」「Hey! Say! JUMP」のYouTube動画を見ながら筋トレしている。

73

腕立てやスクワットがうまくできない

継続さえすれば君も2000回できる

僕の両親は、筋トレも運動もほとんどしない普通の体型をしていて、むしろやせ型。そんな両親から「100キロ超えのゴリマッチョ」が誕生したのは、要するに僕が後天的に筋トレをやりまくったからだと思うんだ。

実は、僕が小学4年生で腕立て伏せを始めたときは、1回もできなかった。だから最初はひざつきの腕立てから始めた。それに慣れてきたらソファーに足を乗せてやり、それもクリアしたら床での腕立てに移行、とステップを踏んでいった。その後回数をどんどん増やして、1日1000回を超え、最終的には2000回(フォームは粗いが、50回×40セット)できるようになったんだ。結局、継続は力なり!

君も、僕と同じ流れをやってみたらどうかな。手を置く位置、フォームなどは気にしなくていい。やっているうちにだんだん身についてくるものだ。

難しいことは考えず、とにかく回数をこなそう。**回数もこなせないうちに質を求めてもカラダはコントロールできない**。無心になってがむしゃらにやるのが大切。

最初の頃に必要なのは、数の暴力なのだ。

ブルガリアンスクワットができなければ、両足立ちのスクワットから始めよう。要は屈伸運動。両足のかかとをつけたまま自分がバランスを保てる最大の深さまでしゃがんで、スタート地点に戻ることだけ考えて立ち上がる。これだけ。

回数を重ねて筋力がつけば、やがてブルガリアンスクワットに移行できる。

74

どのジムを選べばいいかわからない

条件で絞ったら あとは直感だけ

僕が通っているジムは「ゴールドジム横浜上星川店」だ。初心者でも僕のようなゴリゴリのマッチョでも満足できる設備が豊富で、スタッフさんのサポートも手厚いから大好き。

最近流行っている、24時間営業の「エニタイムフィットネス」や「チョコザップ」は月額が安いので、ジムデビューはしやすいだろう。けれど、トレーニングに詳しいスタッフさんがいつもいるわけではないので、本格的に筋トレしたい人には不向きかもしれない。

あとは通いやすさ、予算、店舗やスタッフさんの雰囲気など、直感で決めればいい。**見学や体験もできる。「たかがジム」なのだから、そんなに迷うな。**優柔不断か。

ちなみに、僕はパーソナルジムを一度も利用したことがない。

僕の場合、自分のやりたいトレーニングをやりたいようにしたいから、マンツーマンで指導してもらう必要性がない。これは高校生のときからそうだった。

お金に余裕があって、まずはプロのトレーナーに指導してもらいたいと思うなら利用してもいいけど、普通のジムでもわからないことはスタッフさんが教えてくれるよ。パーソナルはトレーナーとの相性がすべてだから、選ぶのも難しい。

僕に指導されたいって？　君が美少年なら喜んで！

じゃあ、ジム行く？

75

ジムでまず何をすればいいかわからない

何言ってるかわからんが筋トレしろ

君はジムに行ってボケーッと突っ立っているつもりか？

そういう人を「不審者」と呼ぶんだよ。ジムに行ったら筋トレするに決まっているだろ。

そういうことじゃない？ **筋トレを始めるまでの段取りを知りたいって？**

段取りってなんだよ。受付に行って会員証を見せるなり、会員カードをセキュリティドアにかざすなりして入店する。更衣室で着替える。以上。

何を着たらいいかって？ お前、手取り足取りちゃん、かよ。Tシャツでもタンクトップでもロングスパッツでも好きなものを着ろよ。

まあ汗をかくから、半ソデ半ズボンの動きやすい格好が無難かな。

準備運動は必要かって？ したければ体操でもすればいいけど、僕はしないね。高重量を持ち上げる前に、必ず軽い重量でウォーミングアップして慣らすから、それで問題ない。

シューズはどうするかって？ 僕は靴底が薄くて、クッション性のないシューズを履いている。コンバースやフットサルシューズ、上履きや足袋もオススメ。普通の運動シューズを履いても問題はない。

タオルは必要かって？ ……必要だよね。ジムによっては貸出もあるけど。てか、ジムのことは全部ジムの人に聞いてください！　僕はただのネオニートボディビルダーですから！

ジムでどんな種目をやればいいかわからない

まずは迷わずBIG3から攻めていこう

ジムに行くと、さまざまなマシンがあり、あれこれやってみようと目移りしがちだ。

最近は筋トレ系のYouTuberが一風「変わった種目」を紹介して、その種目が注目されることもある。

でも初心者は影響されすぎてはダメだ。「変わった種目」は、筋肉の基礎ができている人が、筋肉のメリハリやボコボコとした凹凸を出すための、ステップアップのトレーニング。それらは「メインの種目」になり得ない。

では、「メインの種目」とは何か？　それはＢＩＧ３（ベンチプレス、スクワット、デッドリフト）である。ＢＩＧ３のやり方は、僕のYouTubeでも頻繁にアップしているので、ぜひチェックしてみてほしい。

簡単に言うと、ベンチプレスは「あお向けに寝転がって、バーベルを上げ下げする」、スクワットは「バーベルを担いで立ち、屈伸運動をする」、デッドリフトは「立った状態で、バーベルを引いて持ち上げる」動きである。

ＢＩＧ３を重点的にやり込めば、全身の筋肉をバランスよく鍛えることができる。重量や回数の目標を設定して、記録更新を目指して頑張ろう。

ＢＩＧ３にダンベルを使った種目を追加すれば、それはもう僕が日々やっている筋トレだ。

筋トレに関して、僕は基礎的なことしかしない。基礎を徹底したほうが筋肉はデカくなるのだ。

77

ベンチプレスで高重量を持ち上げるコツは？

コツで挙げて何の意味があるんだ雑魚

高重量を挙げたい気持ちはわかる。記録更新の快感は何物にも変えがたいし、カッコいい俺を周りにアピールできたら承認欲求も満たされる。

けれど、そもそも「高重量をコツで挙げてしまっていいの？」という話だ。

バーベルの重さを逃したり、バウンドや反動を利用したりするフォームは確かにある。けれど、そのフォームを習得して高重量を挙げたとしても、筋肉への負担が減るだけ。筋肉は一向にデカくならない。ちなみにInstagramには、その手のヤツらが山ほどいる。

それでいいのか？　そもそも筋トレをする目的は、高重量を挙げることではなく、筋肉をデカくすることにあるのではないかな？　**だから、コツで高重量を挙げることは目的を見失っているといえる**。

だから僕は、高重量には真っ向から勝負する。極限まで筋肉のパワーを発揮して高重量を挙げたときこそ、気分ぶち上げホルモンがドバドバあふれ出し、本当の快楽を得ることができるのだ。

いわば、コツで高重量を挙げることは自己満オナニーのようなもの。**筋肉のパワーで持ち上げて初めて、セックスのような快楽を得ることができるのだ**。

これはベンチプレスに限らず、ＢＩＧ３すべてにいえること。

「あの人、重量のわりに筋肉しょぼくない？」とウワサされないように注意しよう。

デッドリフトの記録を更新するには？

脳内ホルモンを分泌させればパワー爆発だ

よくぞ聞いてくれた。**デッドリフトの高重量を挙げる秘訣を3つ伝えよう。**

①好きな人・気になる人に見てもらう

これは最強。人に見られながらデッドリフトをすると、何らかの法に触れそうなほどヤバすぎるホルモンが大量に分泌されて超パワーが出る。

好きな人がいたら最高だが、ジムの仲間でもいい。だから僕は、ジムが混雑している時間帯にデッドリフトを行うことが多い。誰もいない場合はスタッフさんに見てもらえばいい。

②エロ動画を見ながらトレーニングする

テストステロン値が上がってパワーが上がる。これは有名な話。動画を見られる環境があるなら、見ながら筋トレしよう。だが、抜くのは厳禁。テストステロン値が下がり、賢者モードになり、筋トレどころじゃなくなる。どうしても抜きたい場合は、トレーニング3時間前までに済ませておこう。

テンションが上がる音楽（僕の場合は旧ジャニーズ［現スマイルアップ］）をヘッドホンで聴くのもいい。

③週末（楽しみな用事の直前・前日）に行う

楽しみな予定のことを想像しながらデッドリフトに挑むと、意外なほど重量が伸びる。プライベートを充実させろ。友だちを増やせ。恋人をつくれ。たくさん遊べ。

人生の幸福度とデッドリフトの重量は比例するのだ！

筋肉痛がつらい

筋肉がデカくなってる証拠だから泣いて喜べ

正直、「筋肉痛がつらい」とか言っている君が意味不明だ。

筋肉痛は、筋繊維がブチ切れたのち、回復する過程で生じるものだ。つまり筋肉痛は、「筋肉がデカくなっていることを示す証拠」「筋肉がデカくなっているメッセージ」だといえる。

だから僕は、筋肉痛があると安心する。僕の筋肉はまだまだデカくなるぞ、と。

筋肉がデカくなっているのに、なぜつらいんだ？　君の人生、筋肉ファースト

じゃないのか？

もちろん、日常生活に支障をきたすほど痛い筋肉痛もあるけど、メシ食って寝てればそのうち治るよ。

筋肉を肥大させるには、自分の限界値をブチ破る必要がある。だから筋トレをするときは、常に全力で挑まなければならない。筋肉痛でそれができない場合はどうしようか。

そのときは、キッパリ休もう。ちまちま軽い重量でトレーニングしても時間のムダだから。

反対に、筋肉痛があるけど全力を出せそうなときはガンガントレーニングしよう。筋繊維がさらにブチ切れ、さらなるバルクアップが期待できるだろう。

ただし、たて続けに同じ部位のトレーニングはしないこと。

じゃあ、ジム行く？

今日はどうしても筋トレしたくない

筋トレしたくなるまで休み続ければいい

ここまで読んでくれた人は筋トレの素晴らしさを知り、ジムに行きたくてウズウズしていることだろう。

もしかすると、我慢できずにさっそくジムに駆け込んで、筋トレしながら読んでくれているのかもしれない。

そんなアツい人でも、疲れて気分が乗らないとき、「今日は筋トレしたくない」と思う日が来るだろう。筋トレ中毒の僕にだってある。

そんなときは、迷わず休むこと。気分が乗らないのにジムに行っても、全力を出し切れない。中途半端な筋トレをしても時間と体力のムダだ。

筋トレしたくないと感じたら、それはカラダが「休みたい！」と叫んでいる合図と捉えよう。ゆっくりお風呂に浸かったり、おいしいものを食べたり、友達と遊んだりしてリフレッシュするのがいいね。

僕の場合、1日休んだらすぐに筋トレしたくなる。筋トレしたくてたまらない禁断症状が始まるんだ。

君がもし、1日休んでも「筋トレしたい！」と思わなければ、3日でも1週間でも、休んでいい。筋トレの快楽を知っている人は、必ずまたやりたくなるから。

義務感で筋トレするのはやめよう。筋トレが苦痛になったら意味がない。

死ぬまで楽しく筋トレを継続していこうよ。

81

筋トレが続かない

楽しいと思える範囲でサクッと筋トレしよう

義務感でやろうとするから、筋トレが続かなくなる。目標を設定するのは大事だけど、その目標を見てため息が出るようではダメだ。目標を見て、やる気がみなぎってくる。そのメンタリティが必要だ。**筋トレが憂うつになってしまう人は、自分に厳しすぎ、筋トレの喜びを忘れてしまってい**

るのではないか。

ぶっちゃけた話、筋トレなんてしなくても生きていける。けれど、筋トレしたほうが気分も人生も良くなる。だから、筋トレは最高。この原点に立ち返って、自分が楽しいと思える範囲でやればいいよ。

大会に出る競技者でないなら、自分の都合のいいスキマ時間にサクッとトレーニングするだけでもいい。それだけで気分は良くなり、カラダもカッコよくなるのだから最高じゃないか。

仮に、ジムに行くのが週に1回だとしても十分だ。それを1カ月、1年、5年、10年と続けていけば、「筋肉投資」はどんどん積み立てられていくだろう。

君は筋トレが好きか？　好きなんだろ？　本当にやりたいか？　やりたいんだろ？　本当に好きなら継続できるって。

この本を読んでいる時点で、君はもうすでに筋肉に魅了されている。もう君は、勝ち組だ！

じゃあ、ジム行く？

筋トレをさぼったら筋肉が落ちてしまった

マッスルメモリーは永遠に

筋肉は一度ついたらその状態を記憶して、また戻ってきてくれるのだ。これをマッスルメモリーという。

トレーニングしていない期間があって筋肉が小さくなっても、再開したらものすごいスピードで戻ってくる。その筋肉を獲得するまでにかかった時間とは比べものにならないスピードで筋肉がつく。

僕もギランバレー症候群になったとき2週間トレーニングを休んだ。その後も1、2カ月は筋肉が動きづらかったけど、退院して3カ月後には元の筋力を発揮できるようになった。

トレーニング歴が長いほど、筋肉は落ちにくくなる。30年ほど筋トレをしていなかった中高年の人が、トレーニングを再開したら、ものすごいバキバキのカラダにすぐに戻った。

人生のある時期に筋トレに打ち込むことは、素晴らしいこと。マッスルメモリーは永遠なのだ。

筋肉はつけたもん勝ち。

今のうちに筋肉をつけておけば、将来筋トレできない期間があったとしても、すぐに元に戻ることができる。筋トレは死ぬまでムダにならない。

もちろん、「死にたくなったら筋トレ」を始めた君が、「死ぬまで元気に筋トレ」してくれることを、僕は願ってやまない。

じゃあ、ジム行く？

Column

日本の教育についてどう思いますか？

義務教育に「ジム教育」を今すぐ採用しろ

日本の教育に足りないもの、それは筋トレです！　義務教育に「ジム教育」を導入して、今すぐ筋トレを必修科目にすべき！　**ジム教育によって、筋トレが日本国民に浸透すれば、日本が抱えたさまざまな問題を解決できます。**

まず経済問題。テストステロンが倍増した野心あふれるビジネスパーソンが増

加し、経済が活性化します！

少子化問題。性欲が増進した魅力的な男女が増えて、結婚率がアップし、少子化問題が解決！　うつによる自殺も減少します！

介護問題。寝たきり老人が激減して、介護費用が削減されます！　生活習慣病になる人が減り、医療費も減ります！

犯罪率。町中にボディガードみたいな男が増えて、犯罪の抑止につながります！

地球温暖化にともなう熱中症問題。筋肉は水分を蓄えるポンプの役割があるため熱中症対策も万全です！

戦争。ジム教育では、「争いはやめてください！　傷つくのは僕の筋繊維だけで十分です！」という魂の叫びを育みます！

そして、「ジム教育」を終えた後の高等教育では、三角関数よりもＢＩＧ３を導入すべきだと私は考えているわけです！

我が国に必要なのは「ジム教育」なのです！　次の選挙に出馬する暁には、公約として掲げる予定です！　じゃあ、ジム行く？

筋トレ図鑑 8

デッドリフト（BIG3）

手は肩幅程度の位置でバーベルを持つ。
腰と背中をまっすぐにするイメージを持ち、
胸を張って、腰を立ててバーベルを思い切り引く。
あれこれ考えず、気合いで引く！
高重量に挑戦するときは、
ベルトとパワーグリップを身に着けて行おう。

芳賀セブンの筋トレ人生

新宿二丁目最強のバルク、
芳賀セブンはいかにして誕生したか!?
10歳で筋トレを始めて30歳を迎えた芳賀セブンの、
20年にわたる筋トレ人生の軌跡を追う!

宅トレ時代

ボブ・サップの肉体に衝撃を受け、筋トレ人生がスタート！

僕は１９９３年8月5日に神奈川県横浜市に生まれた。父は会社員、母は教員、2歳下に妹がいる家庭に育った。小学生になると柔道を始めたが、試合のとき緊張しすぎて闘争心が出なかった。10歳のときボブ・サップの肉体に衝撃を受け、「僕もこんなカラダになりたい！」と自宅で腕立て伏せを始めた。

腕立て伏せを毎日続けていると、中学3年生で1日１０００回を超えた。中学の３年間だけで、体重は68キロから１０１キロに激増。柔道の成績も伸びていき、高校時代は柔道と筋トレに明け暮れる毎日を過ごした。

ジムトレ開始→ボディビルデビュー

毎日5時間、狂ったようにトレーニングに明け暮れる！

僕のジムデビューは高校3年生の秋。通っていた高校の近くにあるジムに毎日通い、5時間もトレーニングしていた。ＷＢＣでも活躍したクラスメイトの近藤健介くん（福岡ソフトバンクホークス）も同じジムでよく一緒に汗を流した。

大学でも柔道を続けたが、先輩方にボコボコに投げられ、柔道選手としての未来に不安を抱いた。そんなとき、柔道の顧問にボディビルを勧められる。そして柔道から転向後、「関東学生ボディビル選手権新人の部」で優勝、「全日本学生ボディビル選手権」でも6位入賞を果たしたのだ。

46

パワーリフティング選手として

サラリーマンをやめて筋トレ人生を突き進む！

大学卒業後、僕は一般企業（警備会社）に就職した。職場の人間関係にも恵まれ、毎日が楽しかった。しかし、高校の先輩から「YouTubeやらない？」と誘われて、上司の勧めもあり、YouTuberとしてパワーリフティング（ＢＩＧ３）の大会に出ることを決意。ＳＮＳなどで情報発信しながら、大会を目指して筋トレするのは楽しかった。

そして２０１７～19、２０２２～23年の「神奈川県パワーリフティング選手権１０５kg級」で5度の優勝を果たす。神奈川県記録も樹立した。

2022年11月、神奈川県パワーリフティング選手権にて

ボディビルダーとして

ギランバレー症候群を克服してついに日本の頂点に！

2019年からボディビルの大会にも復帰し、僕は絶好調だった。しかし2021年6月、ギランバレー症候群を発症。握力は7キロまで低下し、屈伸もできない。だがあきらめなかった。退院後すぐに筋トレを再開。「俺にはできる、絶対に復活できる！」と言い聞かせ、4カ月後には競技復活。医者も驚いた。

2023年には「関東クラス別ボディビル選手権　男子75kg超級」「日本クラス別ボディビル選手権　男子90kg超級」で優勝。難病発症から2年後、ついに日本チャンピオンに。病気を経験し、僕はさらに強く大きくなれた。

YouTuberとして

芳賀セブンはどこに行こうとしているのか？

僕のYouTubeチャンネル「HagaSeven.芳賀セブンの部屋」はチャンネル登録者数140万人を超えた。見てもらえばわかるけど、筋トレの動画ばかりあげているわけじゃない。むしろ、ふざけたネタ動画のほうが多い。

「はじめに」でも書いたけど、僕みたいなバカなことをやっていても生きていけるんだと、死にたい気分の人が「俺ももう少し頑張ってみよ」と笑ってくれたら嬉しい。これからどこに行こうとしているか、自分にもわからない。人生なんてそんなもんだろ。1つ確実なのは、僕は死ぬまで筋トレを続けるということ。

INZER
ADVANCE

おわりに

僕のカラダづくりの原点は10歳の頃に見たボブ・サップだった。２メートル・１６０キロの筋肉の塊から打ち放たれるメガトンパンチは僕の心をわしづかみにして離さなかった。

「お父さん、ボブ・サップに殴られたらどうなっちゃうの？」

こんな意味不明な質問を、キラキラした目で父に聞いたのを今でもはっきり覚えている。

あれからちょうど20年が経ち、僕は今30歳。芳賀少年が憧れたボブ・サップも当時30歳だった。

お父さん、僕はボブ・サップに近づけたかな？

30歳の節目の年は、関東クラス別ボディビル選手権、日本クラス別ボディビル選手権で優勝できた。20年間鍛え続けてやっと手にした全日本タイトル。昔憧れたK-1選手ではないけれど、ボディビルダーとして突っ走ってきた。本当に素晴らしい趣味に出合えたと思う。

筋トレ、本当に最高ですよ。僕はボブ・サップだったけど、最後まで読んでくれた君が、カラダを鍛えるきっかけがこの本だったら僕は最高に幸せだ。

筋トレの何が最高なのかというと、ひと言では言い表せない。テストステロンによる気分向上。ストレス解消。成長ホルモンの分泌による若返り効果。カラダがデカくなり自信もつく。健康も促進される。こんなに健康と寿命に関わってくる最高の趣味はほかにない。

「お前、筋トレしか趣味ないの？　筋肉だけかよ」

そう言ってくる人もいるが、何もわかっちゃいない。筋トレに目覚めることができた人間は、幸せなんだ。

もちろん、私生活も充実しまくる。なんといってもモテまくる（僕の場合、男にだけど）。両親には内緒にしていたけど、大切な恋人ができたこともある（今もいるかもね）。それも筋肉があったおかげだと思う。

筋トレする理由は人それぞれだ。僕みたいなボディビルダーになりなさい！と言っているわけではない。

ただ、筋トレによる恩恵を受けて人生を豊かにしてほしいと思うのだ。いつまでも健康でいてほしい。何かあってからでは遅い。失って初めて健康のありがたみを知るのだから。

健康寿命を伸ばすことに貢献してくれるのが、筋トレだと僕は思う。正しい食事と筋トレは裏切らない。人生だって変えてくれる。

修業のような食事制限をして死にそうになっていた学生時代、仕事が忙しくて3時間しか睡眠がとれなくて毎日がフラフラだった会社員時代、会社を辞めて無職になり、安定した収入を失った5年前。

いつも心は不安でいっぱいだったけど、いつだって筋トレが心の支えだった。

「お前には限界が見えている」と捨て台詞を言われたこの俺が、今本を書いている。不思議だよね。

難しいことは考えるな。死にたいときも、筋トレしていれば人生なんとかなってしまう。俺が証明だ。
筋トレで心もカラダもデカくなり、競技でもSNSでも誰もが無視できない、一目置かれる存在になった。
そう思ったらそうなる。SOSの法則。筋トレしてポジティブになって人生を切り開いていこう。

じゃあ、ジム行く？

新宿二丁目最強のバルク　芳賀セブン

著 **芳賀セブン**（はが・せぶん）

本名、芳賀涼平。1993年神奈川県生まれ。大学時代に柔道部顧問の勧めでボディビル競技を開始し、全日本学生ボディビル選手権で入賞。大学卒業後、一般企業に就職するもトレーニングとの両立に限界を感じて退社。2018年、高校時代の先輩である「ゴミ袋先輩」と共にYouTuberとしての活動を開始し、筋トレやお笑いの動画を配信、現在に至る。2024年2月現在、YouTube、X（旧Twitter）、Instagram、TikTokの合計フォロワー数は460万人超。ボディビルやパワーリフティングの競技者としても活躍中。2017～19、2022～23年 神奈川県パワーリフティング選手権105kg級優勝、2023年 関東クラス別ボディビル選手権 75kg超級優勝、2023年 日本クラス別ボディビル選手権90kg超級優勝。2017年にゲイをカミングアウトして以降、「新宿二丁目最強のバルク」を自称している。

- YouTube：@hagaseven
- X（Twitter）：@ISuperbody
- Instagram：@hagaseven
- TikTok：haga7_dayo

死にたくなったら筋トレ

たった10分の筋トレが君の人生を変える

2024年3月22日　初版発行

著者　芳賀セブン
発行者　山下直久
発行　株式会社KADOKAWA
〒102-8177　東京都千代田区富士見2-13-3
電話　0570-002-301（ナビダイヤル）
印刷所　図書印刷株式会社
製本所　図書印刷株式会社

 ISBN978-4-04-606625-1 C0030

カバーデザイン　小口翔平＋神田つぐみ（tobufune）
カバーイラスト　Okuta
本文デザイン　阿部早紀子
本文イラスト　安久津みどり
プロフィール写真　田中達晃（Pash）
企画協力　ゴミ袋先輩
編集協力　堀田孝之
校正　入江佳代子
DTP　三協美術
編集　小林徹也